JM006551

若者と地域観光

大都市の
オルタナティブな
観光的魅力を探る

杉本 興運 / 磯野 巧 編著

ナカニシヤ出版

若者で賑わう街の様子 1

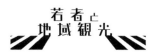

[口絵1] **原宿竹下通りの入り口**
竹下通りは, JR 原宿駅前から明治通りにかけて南東方向に約 350m 延び, 若者向けのファッションやスイーツを扱う様々な店舗が軒を連ねている。修学旅行生や訪日外国人旅行者がたくさん訪れる, 東京の代表的な観光スポットの一つでもある。　　　　　　　　　　　　　　　　　　　　（2019 年 11 月渡邊撮影）

[口絵2] **原宿で人気の
クレープ店**

マリオンクレープは, 日本で初めてクレープ店を展開したパイオニア的存在である。ポップな色彩と甘い味のするクレープは若者に大人気である。
（2019 年 11 月渡邊撮影）

若者で賑わう街の様子 2

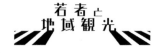

[口絵 3] 新大久保の韓流ショップ

新大久保駅前には，多くの韓流ショップが立ち並ぶ。韓国料理店のほか，韓国映画やドラマ，K-POP 関連のグッズを取り扱う店も数多く，韓流の聖地とも呼ばれる。

（2018 年 9 月金撮影）

[口絵 4] 東京ディズニーリゾートのイクスピアリ

イクスピアリは，JR 舞浜駅前に 2000 年に開業した 約 140 店が集まるショッピングモールであり，若い女性を中心に賑わっている。

（2018 年 10 月渡邊撮影）

[口絵 5] 川越の歴史的街並み

川越の歴史的街並みは，国の重要伝統的建造物群保存地区に指定されている。若者誘客の取組みもあってか，近年，若者の観光者が目立つようになった。

（2017 年 11 月渡邊撮影）

若者で賑わう街の様子 3

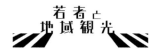

[口絵 6] **渋谷のハロウィン**

仮装をした若者たちが渋谷スクランブル交差点に集い，写真を撮影したりその場の雰囲気を楽しんだりしている。
（2017 年 10 月磯野撮影）

[口絵 7] **東京湾納涼船のトップテラス**

船の屋上に設けられた飲食スペース。設置された照明が雰囲気を盛り上げ，若者同士の交流を促進させる。
（2017 年 7 月太田撮影）

[口絵 8] **日比谷公園でのオクトーバーフェスト**

オクトーバーフェストには，非日常を演出するアイテムとしてのドイツビールを求めて若者たちが集う。
（2017 年 6 月飯塚撮影）

地理情報システムで視覚化した
若者の日帰り観光・レジャー

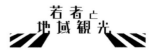

※本書第4章の図として使用

[口絵9] **時空間パスで表現した若者の日帰り観光・レジャーの行動空間**

上：浦安市（TDR）を訪問した若者129人の移動軌跡
下：渋谷区（渋谷・原宿エリア）を訪問した若者21人の移動軌跡
（東京大学空間情報科学センター提供の「人の流れデータ」より，杉本が作成。TDR は
Tokyo Disney Resort（東京ディズニーリゾート）の略）

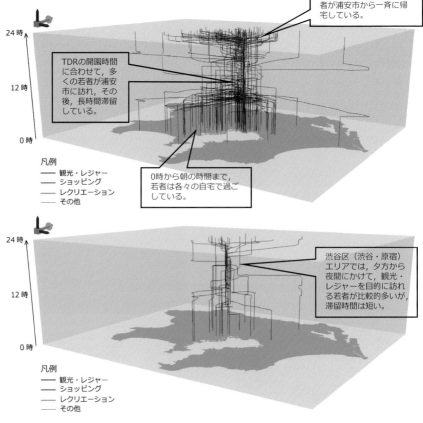

図の解説：
東京大都市圏における若者個々人の1日（2008年10月1日）の行動を，時間(z軸)と空間(x軸とy軸)からなる 3D マップにて表現している。このマップ内にいくつもある線が若者の移動軌跡であり，「**時空間パス**」とも呼ばれる。線が斜めに伸びている場合はゾーン間の**移動**を，線が上方に真っ直ぐ伸びている場合は特定のゾーンへの**滞留**を示す。観光・レジャーを目的とした訪問先での滞留は，赤線で表示されている。

まえがき

　日本政府の掲げる「観光立国」や「観光先進国」という言葉に象徴されるように，2000 年以降の日本社会は観光（ツーリズム）に対する期待が大きくなり，国を挙げての観光振興が推進されています。高等教育機関である大学でも観光系の学部・学科の設置が増加し，多くの若者が観光を専門に学ぶようになりました。それに伴い，学問としての観光学も発展しています。

　このように観光振興が一層注目されるようになった時代において，国や都市・地域あるいは観光産業の将来的な成長のために必要なのは，次世代を担う「若者」の存在です。そこには，都市・地域経営や観光産業の担い手としての若者への期待だけでなく，観光市場を活性化させる消費者としての若者への期待という意味も含まれます。本書は，主に後者の意味に焦点を当て，観光市場における若者の価値や潜在力を再評価するものです。

　本書ではタイトルの通り，「若者と地域観光」を主要なテーマとして扱います。地域，特に大都市を軸に展開する観光・レジャーを，若者に特化した視点から捉え直し，大都市のオルタナティブな観光的魅力を探っていきます。「オルタナティブ」という言葉には，「主流なものに変わる新しいもの」という意味があります。これは新しい価値観や行動様式をもつ若者による観光・レジャーの性質を形容するものとして相応しい言葉でしょう。多くの若者が集まる東京大都市圏を舞台に，彼らの観光・レジャーはどのように地域的に展開しているのか。また，それを促進する地域の受容基盤としての特徴とはいかなるものか。これらを，「空間」を軸に現象を分析する地理学の方法論を援用し，若者と地域観光の関係を解き明かしていきます。

　東京大都市圏は，若者の観光市場が大きく，若者の観光・レジャーが活発であり，多くの若者で賑わう場所や地域が存在します。また，地方に住む若者でも，日本の政治・経済・文化の中心である東京やその周辺地域への旅行を経験したことのある人は多いはずです。地方創生が国家的課題とされている現在，東京一極集中の是正が叫ばれており，東京という恵まれた環境への風当たりは強い傾向にあります。しかし，若者の地方への誘客や定着を考える際には，「若

者に選ばれる地域になる」という視点が必要であり，それを「東京に学ぶ」こともできるでしょう。本書には，そのようなポジティブな目線で東京ないし東京大都市圏をみてみようという意図もあります。

　本書の執筆内容の多くは，著者らが過去に論文として発表した原稿を再編集したものです。そして，その大部分は研究の過程で実施した独自の調査結果が基になっています。そのため，専門分野の理論や用語をシステマチックに解説することを重視した一般的なテキストとは異なり，本書は調査報告書としての特徴をもちます。そのため，地理学や観光学に関わる理論，用語，調査・分析手法とその応用を，具体的な事例を通して学ぶことができる点が強みの一つであり，大学の卒業研究や地域調査に関わる専門的業務などにも参考にしていただける内容が多く含まれています。

　このような事情から，本書が想定する主な読者層は，観光振興や都市・地域づくりを主に学んでいる学生や，それを専門とする研究者です。ただし，若者の生活行動や地域の観光政策に関する最新テーマについても扱っているため，都市・地域経営や観光産業にいる実務家の方々にとっても，読み応えのある内容であると確信しています。ここまでの説明ですと，それ以外の読者層の方々は本書に対して堅い印象をもってしまうかもしれませんが，若者文化や若者の街といった，メディアでも話題となり，多くの人が関心をもつような社会や地域のトピックを扱っているため，幅広い読者層に楽しんで読んでいただけます。「若者」や「地域観光」に興味関心をもつ多くの方々が，先端的な研究にふれ，理解を深めていただくことを願っています。

著 者 一 同

目　　次

第Ⅱ部　若者特有の観光行動の様相

若者と地域観光
──大都市のオルタナティブな観光的魅力を探る──

序章

「若者と地域観光」をよみ解くための
アプローチ
——本書の課題と構成——

　若者は次の時代を担う存在である。新しい価値観をもつ若者の社会参加によって，少しずつ社会の規範や構造は変化していく。若者のコミュニケーションや消費行動も時代によって異なり，それが都市・地域の消費文化や市場経済に様々な影響をもたらす。あらゆる都市・地域あるいは産業界にとって，若者への理解と対応は，それらの持続性に関わる問題であるために重要である。そして，それは本書の対象とする観光分野も例外ではない。

　日本では，2000年代から観光立国を目指して，国を挙げての観光振興に取り組んでいる。ただし，その中心にあるのはインバウンド観光の推進による外国人誘客であり，人口減少にある国内の若者は取り残されている感がある。しかし，生産者あるいは消費者として，将来の観光産業や観光市場形成の中心を担っていく若者への投資は，インバウンド観光振興と同等に重要である。観光産業への期待が高まっている現在だからこそ，若者による観光・レジャーの動向や潜在性を，社会情勢や若者文化をふまえて深く検討するときにある。

　本書は，地理学や観光学を主な専門とする若手研究者たちによる，若者に焦点を当てた地域観光に関する調査研究の成果をまとめたものである。地域観光を「ある地域を軸に展開する観光・レジャーに関わる諸現象」と定義し，若者が地域観光の成立にどのように関わっているのか，若者に特有の地域観光とはどのようなものなのかを追究する。また，それを通して，都市・地域経営や観光産業における若者の潜在性を検討していく。本書では特に，若年人口が多く，若者の観光市場が発達している東京大都市圏を対象とし，学術的知見をふまえながら，若者による観光・レジャーとそれを支える地域受容基盤の特性を分析する。

これまで特定の層に分類される人々を対象とし，その観光実態を総合的に検討した研究は少ない。女性と観光（ツーリズム）との関わりを様々な学問分野の立場から総合的に検討した先行事例はある（友原 2017）が，本書では特定の性別ではなく特定の年齢層，特に今後の日本の観光産業の発展を担っていく若者に着目しているところに独自性があり，社会的意義がある。また，若者の観光行動だけでなく，その目的地である活動拠点となる地域の受容基盤に着目し，観光（ツーリズム）の主体と対象双方の立場から総合的な検討を行う，という新しい視点に立脚している。

　この序章では，各論に入る前の導入として，本書を読み進めるに当たっての全体を通した重要事項について説明する。まず，若者を対象とした観光研究についての文献レビューを行い，そこから導出される課題に基づき，本書の学術上の位置づけを明確にし，また研究アプローチとなる地理学の方法論について説明する。その後，若者の定義，観光やレジャーの定義，東京大都市圏について説明する。そして最後に，本書の構成を紹介する。

1　若者を対象とした観光研究

　日本における若者に焦点を当てた観光研究は，「若者の旅行離れ」と呼ばれる現象を共通の課題認識とし，それの解決に資する知見提供を目的として活発化していた。その背後には，若者の旅行を活性化することが，将来の観光産業の維持や発展を促すという期待がある。実際，国土交通省の観光庁（2011；2014）では，若者旅行振興政策の立案のために，若者の海外旅行および国内旅行の実態や今後の旅行意向に関する調査を実施している。

　中村ほか（2014）は，心理学の観点から若者の海外旅行の阻害要因を追究した。その結果，阻害要因として，「滞在不安」「計画負担」「同行者・自分（に関する事柄）」「言語不安」「時間不足」「金銭不足」の六つがあることを明らかにした。また，海外旅行に行くか・行かないかの意思決定プロセスでは，これらに加え，動機づけ，すり合わせ努力，自己効力感が互いに影響を及ぼしながら進むことを示した。また，山口（2010）は，若者の海外旅行の変化を観光関連メディアや旅行ビジネスの歴史との関わりから整理し，海外旅行離れの要因は，リゾート地やアジアの都市を目的地としたスケルトンツアーの隆盛によって，どこでも

ショッピングやグルメを中心とした画一的な体験しかできなくなったことにあると考察している。

　奥山ほか（2010）や日比野・佐藤（2012）は，若者の生活や旅行の実態に関する数種類の統計資料を使用し，その経年変化をみることで，若者の国内宿泊旅行離れの要因を分析している。その中で，時間的・金銭的な余裕のなさは旅行をしない大きな理由ではあるが，若者の国内宿泊旅行離れという現象の直接的な要因ではなく，むしろ若者の余暇時間の使い方に関する生活様式や価値観の変化が国内宿泊旅行離れにつながっている可能性が高いことを示した。

　若者の海外旅行や国内宿泊旅行の研究が蓄積される一方で，若者による日帰りや短時間での観光・レジャーを扱った研究は少ない。都市住民にとって，時間的・金銭的コストの大きい国内宿泊旅行や海外旅行と比べて，日帰りや短時間の観光・レジャーは実施しやすく，自ずとその規模は大きくなる。そして，彼らの主な訪問先となる地域は安定的に観光収入を得ている場合が多いと推察される。こうしたことから，課題解決を志向とした研究が発展してこなかったと考えられる。実際，当該テーマを扱った数少ない先進事例である落合（1996；1999）の研究では，首都圏に居住する大学生の観光・レジャー行動を分析しながらも，その結果から導出される人間の空間選択のパターンに普遍的に関与する本質的な要因の解明に重点を置いている。

　社会学系の分野を中心に展開されている「若者論」では，若者文化に関する研究の中で，若者の日常的な余暇活動に関する議論が盛んである。例えば，小谷ほか（2012）の『若者の現在　文化』では，若者のSNS利用，ファッション，趣味・娯楽，恋愛など，様々なテーマから論考がなされている。さらに，若者文化の調査研究を通して得られた知見を，企業のビジネスや地域振興に活用しようとする動きもある。例えば，藤本（2015）は経済不況や情報通信技術の発達といった現代の社会経済環境で育った若者の消費性向やコミュニケーションを議論する中で，若者が観光・レジャーにおいて「仲間との連帯」「イベント」「フォトジェニック」といった価値観を重視するようになったとし，若者市場へのアプローチには，これらを考慮した広告や宣伝が必要だと述べている。原田（2016）は，若者の中でも特に情報感度が高く流行を広める役割をもった人々を対象に，その層を中心とした情報伝播の流れと若者に人気の観光・レジャーの流行過程との関係を分析し，彼らの重要性を説いている。こうした応用志向の

ある調査研究が活発な理由は，他世代より情報感度の高い若者は長らく中心的な消費者であり，かつ次世代の消費トレンドの鍵を握っていたため，その実態把握が必要不可欠だったことにある。

2 本書のアプローチ

(1) 先行研究の課題

　これまでの若者に焦点を当てた観光研究は，主に心理学系の分野による若者の旅行離れの要因に関する研究や，社会学系の分野による若者文化研究が中心である。これらでは，若者の余暇活動の理解が主たる目的であるため，経験・態度・意思決定といった行動的側面に傾倒しており，若者の観光動機を誘発し，その目的地ともなる地域の特性が深く検討されてこなかった。レイパー（Leiper 1979）の観光（ツーリズム）の基本構造モデルのように，観光現象は本来，観光行為の主体となる人間と，消費対象となる観光資源・施設や目的地の相互作用によって成立する（**図序 - 1**）。また，その橋渡しとなる観光産業や背景となる社会・経済状況なども観光現象の成立要素として重要である。よって，これらを包括して若者による観光・レジャーの実態を追究することが，現象のより深い理解のために望ましいと考えられる。

　また，観光現象は様々な地域を軸に展開する空間的な現象でもあることから，観光行動や観光資源・施設の空間分布や地域差などを検討することで，若者の観光・レジャーが地表面上でどのように展開しているのかを明らかにすること

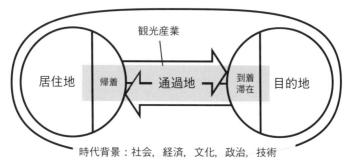

図序 - 1　観光（ツーリズム）の基本構造モデル（Leiper 1979 を基に作成）

ができる。このことは若者の観光・レジャーを，「空間」という概念を通して精緻化することであるといえる。また，これに加えて，どういった場所や地域が若者の観光対象となり，それらはどのような受容基盤としての特性をもつのかを検討することで，若者の観光・レジャーの地域的特色を浮きぼりにできるであろう。これらはすなわち，若者と地域観光の関係を明らかにすることと同義である。

(2) 地理学

　観光（ツーリズム）のように特徴的な人文・社会現象の生じている地域の特性や変化を読み解く典型的なツールとして地理学があり（菊地 2018），観光地の分析や観光現象の地域的特性の分析に特化した地理学を「観光地理学」と呼ぶ。「観光地理」という言葉は，世間一般広くとまではいかずとも，観光旅行業界で重要な国家資格である国内・総合旅行業務取扱管理者の試験として出題されていることから，その業界への就職を目指す学生やすでに活躍している実務家には浸透していると考えられる。しかし，観光地理学という学問を知っている，実際に学んだことのある人はそう多くはないかもしれない。本書の大部分は観光地理学やその隣接領域の研究アプローチを主体としている。

　観光地理学とは地理学を構成する人文地理学の一分野であり，観光現象の地域的性格の究明を目的としている（山村 1974）。観光資源・施設，観光市場，観光産業，観光流動などの実態と変化を個別あるいは総合的に分析することで，地域の観光地としての特性を明確化することが基本となる。地理学の中でも新しい分野であり，まだまだ理論的・方法論的に未熟な点が多いが，現在のサービス経済化・脱工業化社会において現代社会の理解の重要な鍵を握る分野でもある（鶴田 1994）。日本では丹念な地域調査による発展史的な研究が多いが，欧米では観光現象における個々の要素をシステマティックに捉えたものが多く，また計画志向が強い点が特徴的であるという指摘がなされたが（鶴田 1994），現在でもその傾向に大きな変化はみられない。

　なお，人文地理学では，子どもや若者がしばしば研究対象となっており，その中には彼らの観光・レジャー空間を扱った研究が含まれる。子どもが地理学で取り上げられたのは，1960 年代からであり，子どもの環境知覚，遊び空間，社会との関係といったテーマから研究がなされてきた（大西 2000）。また，日本

では，子どもの地理教育に関する研究も活発である。子どもの遊び空間に関しては，公園設計に携わる建築学や都市計画学による研究の蓄積も多い。

若者の地理学に関しては，杉山（2003）が研究動向をまとめている。彼は若者に関する地理学的研究のテーマを，若者の日常生活における家庭・学校・地域社会との関係，都市の盛り場における若者文化と消費，公共空間における若者の問題行動の三つに整理している。そして，将来の重要な研究課題の一つとして，「現代の若者がいかなる空間で余暇を過ごしどのような意味を付与しているのかを明らかにすること」を挙げている。

(3) 調査・分析手法

研究テーマや対象とする地域のスケールによって必要なデータや調査・分析手法が異なるため，統一的な方法論を示すことはできないが，観光地理学の先行研究に共通した傾向として観光資源・施設の分布や観光行動の移動・流動の空間的な特性や変化をみることが多い。さらに，ローカルな地域スケールを対象とする場合，現象の特性や変化のメカニズム解明のための細かな1次データを収集するために，フィールドワークによる聞き取り調査を行うことが一般的である（呉羽 2014）。また，1990年代以降のオルタナティブツーリズムの発展による観光行動の多様化によって，観光者自体の行動を分析する必要性が生じたことから，観光者への聞き取り調査やアンケート調査も行われるようになった（呉羽 2014）。最近では，地理空間情報技術やインターネット調査サービスの普及に伴い，調査方法がさらに多様化している。本書で紹介する研究でも，地理情報システムやWebアンケートといった最新の技術や手法を使っている。

3　若者の定義

若者とはどんな人のことを指すのであろうか？　10代の学生からみれば，20代までが若者で，30代の社会人はもう若者ではないと感じる人もいるだろう。他方で，定年退職後の高齢者からみれば，30代どころか40代であっても，まだ若者であるとみなす人がいるかもしれない。また，個人の見た目や趣味の内容によっても，若者としてみられやすいかどうかには差異がある。つまり，みる人の立場や，みられる側の個人特性によって，「若者」あるいは「若い」とみな

される基準は異なる。しかし，研究という営みの中で若者を分析対象とする以上，若者の定義を明確にしなければいけない。

日本で「若者」という言葉が使われ始めたのは1960年代後半から1970年代であり，それまでは「青年」の方がより一般的であった（古市 2015）。戦後の高度成長期で所得が増加し，一億総中流の時代に突入したことで，社会階級に代わって世代への意識が芽生えたことに端を発しているという（古市 2015）。現在の若者の定義は，年齢から決定することが一般的である。しかし，若者に該当する年齢幅については，政府の公的な規則や資料でも統一された基準がない。厚生労働省の若年者雇用では15-34歳を，内閣府の『子供・若者白書』では15-29歳を，観光庁の各種調査では20-29歳，18-25歳，18-39歳を，若者とみなしている。本書と同様に学術的な立場から若者の海外旅行離れを研究した中村ほか（2014）では，18-30歳の人々を若者としている。

本書では，これらを参考にしながら，各定義に概ね共通する範囲となる「年齢が15歳以上35歳未満の人」を若者と定義する。中村ほか（2014）は海外旅行を扱っているために，自由意志での海外旅行が可能な年齢として18歳を下限として設定しているが，本書では東京大都市圏における日帰りや宿泊での観光・レジャーを中心に扱うため，それが十分に可能だと思われる15歳を下限とした。

若者の定義は年齢で規定できるが，若者といっても多様である。若者の特性を明らかにする上で，その多様性を念頭に置くことは重要であるが，すべてを把握することはできない。そのため，若者を何らかの基準でもって分類し，類型ごとに比較分析することが現実的である。中村ほか（2014）の例では，若者を職業・学生種別で分類している。具体的には，若者を大きく学生と非学生に分け，さらに学生は大学生や短大生といった学生種別に，非学生は雇用者と非雇用者に細分化している。他にも，コミュニケーション形態からみた分類（電通若者研究部 2016），世代に着目した若者の比較分類（阪本・原田 2015）などがある。

4 観光やレジャーの定義

本書では，観光，レジャー，ツーリズムなど似た意味をもつ複数の言葉が登場する。それぞれの使い分けについて，ここで説明する。

まず，「観光」という言葉には，「地域の優れたものを観る」行為を強調する狭義の観光（sightseeing）としての意味と，旅行全般や観光事業などを含むより幅広い概念である広義の観光（ツーリズム，tourism）の意味がある。狭義の観光は，いわゆる余暇活動の一形態とみなせる。一方で，広義の観光（ツーリズム）の場合，非日常圏への一時的な移動の意味が強調されるため，観光・レジャーを目的とした旅行だけでなく，出張や帰省などを目的とした旅行も含まれる。

　余暇活動とは，自由時間での休息，気晴らし，自己啓発を主な目的とした活動のことであり，その種類は多岐にわたる。日本生産性本部の『レジャー白書』では，計108種類の余暇活動を「スポーツ」「趣味・創作」「娯楽」「観光・行楽」「その他」の五つの部門に分けている。また，総務省の社会生活基本調査では，「スポーツ」「学習・研究」「社会的活動」「趣味・娯楽」「旅行・行楽」の分類を設けている。ここから分かるように，余暇活動には自宅やその周辺の日常圏で行われる趣味や学習だけでなく，観光のように非日常圏で行われる活動も含まれる。

　余暇は「レジャー」とも呼ばれるが，日本だとレジャーという言葉は遊びや娯楽といった消費主義的な活動の意味で使用されることが多い。実際，青野（2014）が，日本の余暇研究におけるレクリエーションとレジャーの関係を分析したところ，レクリエーションが主に学校や職場といった日常生活圏で営まれる人間の再創造を目的とした活動とされたのに対し，レジャーは大衆娯楽としての消費の意味が強調されていたことを明らかにしている。また，研究領域としてのレジャー論は余暇から生まれる楽しみを追究する遊び論に発展した。

　以上をふまえ，本書では，余暇活動を最も広義な概念とし，その一部を構成する活動として観光やレジャーを位置づける。この場合の「観光」は，狭義の観光のことであり，広義の観光の意味を強調する場合は「観光（ツーリズム）」として特別な表記を使う。ただし，例えば「コンテンツツーリズム」や「文化観光」のように，他の語との組み合わせによって一つのまとまった意味を表す場合には，そのまま「○○ツーリズム」「○○観光」のように表記する。そして「レジャー」は，非日常圏で行われる狭義の観光以外の余暇活動（主に娯楽や遊興）を広く意味する言葉として使用する。

5 東京大都市圏

本書では，東京大都市圏を研究対象地域として設定し，そこでの若者による観光・レジャーの行動や空間の特性を分析する。特に，若者文化の集積し，大勢の若者で賑わう空間が多く存在する東京都区部を，重点的に扱う。

東京大都市圏（または東京圏）とは，東京を中心として経済的に深く結びついている地域であり，日本の三大都市圏の中で最も人口や産業集積の規模が大きい。東京都心から約 50 - 70km 圏内であり，その中には東京都，神奈川県，埼玉県，千葉県，茨城県南部が含まれる。総務省の人口統計のように茨城県南部を除く 1 都 3 県を東京大都市圏とみなす場合もあり，その場合は「東京圏」の呼称が用いられる。

東京大都市圏は，首都や複数の政令指定都市および業務核都市の立地する多角分散都市構造であり，それぞれの都市内や都市間における交通網が発達している。首都である東京（区部）は，日本の政治・経済・文化の中心であり，様々な資本が集中している。

観光という側面からみても，東京には多様な観光資源・施設あるいは商業施設が集積しており，地域住民や旅行者の多様なニーズを満たす環境が整っている。また，東京大都市圏の居住者や一時滞在者を中心とした巨大な観光市場を形成している他，他地域への国内宿泊旅行者の一大送出地であり，また，訪日のインバウンド観光における玄関口としての役割を備えた地域でもある。

東京大都市圏を対象地域として選定した理由は二つある。まず一つ目は，この地域が有する観光市場規模の大きさである。東京大都市圏は世界有数の人口集中地域であり，居住している若者の人口も多いため，それだけ若者の観光市場規模が大きい。また，詳しくは第 3 章で述べるが，東京大都市圏には継続して地方から多くの若者が流入しており，東京一極集中と呼ばれる現象の主な要因となっている。それだけ東京大都市圏には若者を惹きつける魅力があるのであろう。

そして，二つ目の理由は，東京大都市圏に若者文化の発信や若者による観光・レジャーの目的地として有名な場所や地域が多く存在することである。例えば，流行のファッションで知られる原宿や渋谷，アニメやマンガのコンテン

ツが集まる秋葉原や池袋，若年のカップルや家族連れに人気のお台場などが代表的であろう。若者が多く集まれば，それだけ彼らに向けた商品やコンテンツの流通，イベントの開催，観光・レジャー系の施設やサービスの整備が活発になるであろうし，それらが一定の空間範囲に集積することで，若者で賑わう盛り場が形成され，若者の地域観光を促進する受容基盤として機能する。

6 本書の構成

(1) 若者の視点からみる地域観光の今（第Ⅰ部）

本書は大きく3部で構成されている。第Ⅰ部では，「若者の視点からみる地域観光の今」を捉えることを主旨としている。大都市圏で展開される若者の観光現象を様々なテーマから検討するものであり，第1章から第5章までが含まれる。

第1章では，今の若者の特徴を，余暇生活，文化消費，情報行動の三つの視点から解説する。世代によって若者の価値観や消費行動は異なるため，現在の時代背景をふまえて若者の特徴を整理している。

第2章では，多くの若者で賑わう街の特性を，地域イメージと若者文化の受容過程の観点から検討している。独自のWebアンケート調査から，若者文化が地域イメージとして強く想起される街を抽出し，若者文化の発信・交流拠点としての特徴を分析した上で，都市にとっての若者の重要性を指摘している。

第3章では，若者を集める大都市・東京の魅力を，地方出身の若者の目線から検討している。具体的には，人口統計データによる若者の人口移動の分析，進学のために地方から東京圏に上京した若者への各種調査の結果を組み合わせ，なぜ若者が大都市・東京に集まるのかについて考察している。

第4章では，東京大都市圏における若者の日帰り観光・レジャーの行動空間の特徴を，人流ビッグデータによる分析から検討している。大都市圏という広域スケールにおける若者の日帰り観光・レジャー動態を，地理情報システムの視覚化技術を駆使して把握するとともに，職業・学生種別や性別による外出時間や訪問先の特徴を明らかにしている。

第5章では，若者の観光・レジャーにおけるソーシャルメディア利用の実態を，インターネットへの親和性の個人差，観光情報利用の地域差という観点か

ら，明らかにしている。近年，若者の間に急速に普及したソーシャルメディアは，彼らの観光行動にも大きな影響を与えているため，その利用実態の分析は重要な研究テーマであろう。

（2）若者特有の観光行動の様相（第II部）

　第II部では，「若者特有の観光行動の様相」を知ることを目的とし，第6章から第10章にわたって，様々な観光・レジャーの形態について報告がなされる。

　第6章では，アニメコンテンツに関連した若者の余暇活動の特徴を検討している。東京大都市圏の若者によるアニメショップでの購買や聖地巡礼などへの参加頻度や同行者の特徴などに加え，訪問されやすいアニメショップや聖地の名称および分布の特性を明らかにしている。

　第7章では，農村・自然地域で人気のレジャーであるキャンプを題材に，そこに投影される今の若者の価値観や行動の変化を扱っている。特に，一人でキャンプを楽しむソロキャンプが増加していることの背景や，そうした若者の需要に対するキャンプ場の対応状況などを明らかにしている。

　第8章では，スポーツツーリズムと若者の関わりについて整理するとともに，若者に人気のスポーツであるサッカーに関連したJリーグ観戦者の観戦行動および観光行動の特徴を明らかにしている。その上で，スポーツツーリズム振興における若者の可能性について検討している。

　第9章では，若者による食に関する観光・レジャーについて，世界的に人気の高まっているクラフトビールを例に，日本でのクラフトビールイベントの展開と若者の消費行動との関係を検討している。若者がクラフトビールをファッションの一つとして消費する傾向や，若者特有の都市型フードツーリズムとしてのクラフトビールイベントの特性を，明らかにしている。

　第10章では，外国の若者を対象とした訪日教育旅行を取り上げ，出発国による旅行日程の差異や，目的地としての東京の特性を検討している。インバウンド観光の中心となる東京は，外国の若者にとっても魅力的な訪問先であり，彼らの訪日旅行の需要喚起もまた重要な課題であろう。

（3）若者の観光を支える地域の受容基盤（第III部）

　第III部は，「若者の観光を支える地域の受容基盤」の特徴やその具体的な取り

組みの事例を明らかにするものであり，第11章から第15章までが該当する。

　第11章では，大都市のエスニックタウンが若者の異国文化への関心を伴った観光・レジャー需要の高まりに対応し，「若者の街」へと変容していく過程を論じている。新宿区の大久保コリアタウンでの韓国文化の商品化の過程において，韓流ブームを契機として発生した若者の韓国文化の消費を目的とした観光・レジャー需要への対応が明らかにされている。

　第12章では，渋谷駅周辺における訪日外国人旅行者を支援する学生ボランティアガイド活動を取り上げる。当該地域において，彼らがガイドのサービス提供者として多様化する訪日外国人旅行者のニーズにいかに対応しているのかを明らかにしている。最近の観光政策の柱の一つとなっている，インバウンド観光振興に貢献しうる若者の役割を検討することは，時宜性の点で意義がある。

　第13章では，若者の夜間での観光・レジャーについて，音楽という切り口から検討している。具体的には，東京都区部に集積する代表的な夜間音楽施設であるクラブとライブハウスを取り上げ，それらの地理的分布傾向，音楽空間としての特性，ナイトライフ観光に関するサービスの動向などを明らかにしている。若者のナイトライフ観光の事例として興味深い。

　第14章では，東京湾で展開されるナイトクルーズの若者集客戦略について報告する。ここ十数年で若者の乗船客数が大幅に増加した東京湾納涼船を対象に，その事業の歴史と運航システムを整理するとともに，若者を集客するための戦略や，納涼船を訪れる若者の利用特性を明らかにしている。若者の集客に成功した事業を知る上での好事例といえる。

　第15章では，子どもの遊び空間としての都市公園の役割に注目する。近年，子どもの遊び環境をめぐる状況は急速に変化している。とりわけ都市部では自然と触れ合うことなく成長する子どもが増えている。こうした状況に対して，様々な市民団体が子ども向けの自然体験プログラムを準備している。それが都市部で暮らす子どもの遊びや若年家族世帯の家族間交流の機会となっていることが示されている。

(4) 終章

　終章となる第16章では，本書の総括として，第1章から第15章までの成果をまとめ，それに基づいて本書の学術的貢献や実社会への応用可能性について

論じている。そして最後に，若者と地域観光に関する研究の課題や展望を述べている。

■**参考文献**

青野桃子 2014. 余暇研究におけるレクリエーションとレジャーの関係——「余暇善用論」の視点から. 一橋大学スポーツ研究 33：34-44.

浅香幸雄・山村順次 1974. 『観光地理学』大明堂.

大西宏治 2000. 子どもの地理学——その成果と課題. 人文地理 52：149-172.

奥山忠裕・日比野直彦・森地茂 2010. 若年層の観光活動の減少要因に関する研究. 運輸政策研究 13：75-84.

落合康浩 1996. 大学生の日常的空間内における外出型レジャーの行動パターン. 日本大学文理学部自然科学研究所研究紀要 31：93-104.

落合康浩 1999. 首都圏に居住する大学生の非日常的な外出型レジャー行動の空間パターン. 日本大学文理学部自然科学研究所研究紀要 34：61-72.

観光庁 2011. 若年層の旅行性向・意識に関する調査・分析報告書. https://www.mlit.go.jp/common/000161446.pdf（最終閲覧日：2017年8月5日）

観光庁 2014. 将来的な商品化に向けた観光資源磨きのモデル調査業務. http://www.mlit.go.jp/common/001039774.pdf（最終閲覧日：2017年8月5日）

菊地俊夫編 2018. 『ツーリズムの地理学 観光から考える地域の魅力』二宮書店.

呉羽正昭 2014. 日本の観光地理学研究におけるフィールドワークに関する一考察. 人文地理学研究 34：95-106.

小谷敏・土井隆義・芳賀学・浅野智彦編 2012. 『若者の現在 文化』株式会社日本図書センター.

阪本節郎・原田曜平 2015. 『世代論の教科書 日本初！ たった1冊で誰とでもうまく付き合える』東洋経済新報社.

杉山和明 2003. 若者の地理——英語圏人文地理学における「文化論的転回」をめぐる問いから. 人文地理 55(1)：26-42.

鶴田英一 1994. 観光地理学の現状と課題——日本と英語圏の研究の止揚に向けて. 人文地理 46：66-84.

電通若者研究部 2016. 『若者離れ 電通が考える未来のためのコミュニケーション』株式会社エムディエヌコーポレーション.

友原嘉彦編 2017. 『女性とツーリズム』古今書院.

中村哲・西村幸子・高井典子 2014. 『「若者の海外旅行離れ」を読み解く——観光行動論からのアプローチ』法律文化社.

原田陽平 2016. 『パリピ経済——パーティピープルが市場を動かす』新潮社.

日比野直彦・佐藤真理子 2012. 若者と旅——若年層の国内観光行動の時系列分析. 国際交通安全学会誌 37：142-150.

藤本耕平 2015. 『つくし世代——「新しい若者」の価値観を読む』光文社.

古市憲寿 2015. 『絶望の国の幸福な若者たち』講談社.

山口誠 2010. 『ニッポンの海外旅行——若者と観光メディアの50年史』, 筑摩書房.

Leiper, N. 1979. The framework of tourism: Towards a definition of tourism, tourist, and the tourist industry. *Annals of Tourism Research*. Vol.6 390-407.

第Ⅰ部

若者の視点からみる地域観光の今

1章

今の若者とは？
──余暇生活，文化消費，情報行動の視点から──

キーワード：若者，世代，余暇生活，文化消費，情報行動

　今の若者はどのような特徴をもつのであろうか？　「今」を 2020 年とした上で，序章で説明した若者の定義に従うと，今の若者とは 1986 - 2006 年に生まれた人々である。日本の世代論からみると，「ゆとり世代」「さとり世代」と呼ばれる世代に該当する。また，アメリカの「ミレニアル世代」とその次の「Z 世代」とほぼ重なる。今の若者とかつての若者とでは，育った社会経済環境が異なり，その影響により価値観や行動様式において異なる点がある。

　今の若者が誕生する前あるいは幼い頃，日本は戦後復興期，高度経済成長期，安定成長期，バブル景気と続き，経済は右肩上がりに成長していた。この時期に育った「団塊世代」「新人類世代」「バブル世代」は，競争意識が強く，仕事を重視する一方で，消費に積極的であった。しかし，1990 年代初頭のバブル崩壊以降，日本経済は停滞したままであり，この不景気の時期に育った今の若者は，安定志向が強く，消費離れの傾向にある。また，少子化による競争低下，個性重視の教育，メディアの多様化と情報選択の広がりなどにより，価値観や消費行動が多様性に富むという側面もある。

　世界では，冷戦が終わった 1990 年代頃からグローバル化が大きく進展した。IT 革命による情報通信技術の発達，交通手段の発達に伴う移動の容易化，市場の国際的な開放などにより，あらゆる人，物，情報が国境を超えて活発に移動するようになった。国家間のつながりが密になり，社会・経済・文化面での相互作用が強まるにつれ，外国は身近なものとなり，多文化共生の考え方が重要視されるようになった。今の若者は，国や地域のローカルな変化だけでなく，

グローバル化の波にさらされている。

　以上のような時代背景をふまえながら，本章では，次章以降を読み進める上での前提知識として必要な，今の若者の特徴を解説する。その際，本書にとって特に重要となる三つの視点（余暇生活，文化消費，情報行動）を掘り下げる。

1　若者の余暇生活

(1) 若者を取り巻く社会経済環境

　少子高齢化，経済不況，格差社会など，現在の日本において若者の置かれている環境は厳しい。かつてはトレンドの中心だった若者も，非婚化，少子化などによる若年人口の減少により，近い将来は少数派となる見込みである。2012年以降，大学生の就職内定率は上昇し，卒業後に安定的な雇用に就いていない人の割合は減少しているが，全体をみれば非正規雇用は増加し，収入格差は広がっている。

　しかし，このような状況にあっても，実は若者の生活満足度は高いという指摘がある（古市 2011）。内閣府が毎年行っている『国民生活に関する世論調査』によると，「現在の生活に対する満足度」の質問項目に「満足」と回答した人の割合は，2005 年の調査以降，全世代の中で 20 代が最も高くなっている。よって，若者に対する世間の見方と，若者の感覚との間にはギャップがある。これは，現在の日本は不景気で先行きがみえないが，高望みをしなければ，多くの人がそれなりの生活を営める環境にあるため，今の若者は身の丈にあった生活で満足する傾向が強いことを意味している（公益社団法人経済同友会 2016）。

　今の若者が育ったのは，バブル崩壊後の，いわゆる「失われた 20 年」である。この低成長とデフレの時代に育った若者は，景気の良かった日本を知らない。そして，日本の将来に対する彼らの期待は低い。その一方で，今の若者は時間やお金に対する自由度が昔よりも高く，値段がそこまで高くない割に質の良い商品を多く享受できる環境にいる（久我 2014）。

　また，今の若者の多くは，仕事よりも余暇活動を含む私生活を優先させたいと思っている（内閣府 2018）。個性重視の教育を受けた今の若者にとって，自分らしく生きることを実践することのできる余暇活動は，生活満足度を高める上で重要である。このことから，社会不安や様々な制約による若者の消費離れが

指摘されている現在でも，余暇活動の潜在需要は大きいと考えられる。

(2) 若者の余暇活動

　人間の生活において，余暇活動は心身の健康維持や自己成長に欠かせない。内閣府の世論調査によると，日本では戦後の高度経済成長期までは「物の豊かさ」が重視されていたが，安定成長期に入ってからは「心の豊かさ」をより重視する価値観へと変化した。それは現在まで続いている。そして，生活の力点として，余暇生活を重視する志向の人々がとりわけ多い。つまり，心の豊かさを得るために充実した余暇活動が求められている。

　さて，今の若者がどのような余暇活動を，どの程度実施しているのかをみてみよう。『レジャー白書2019』から，2018年度の20歳代男女の余暇活動の参加率と潜在需要を上位10まで抜粋したデータを**表1−1**に示す[3]。参加率では，男女ともに「国内観光旅行」「SNS，Twitterなどのデジタルコミュニケーション」「映画」が5位内にある。また，「カラオケ」「音楽鑑賞」「複合ショッピングセンター，アウトレットモール」「ドライブ」も男女に共通して人気である。男女の違いをみると，男性の場合は「テレビゲーム」が4位に，女性の場合は「動物園，植物園，水族館，博物館」「遊園地」といった観光施設への訪問が10位内にある。

　潜在需要では，「海外旅行」が男女共通して1位である。また，「遊園地」「ピクニック，ハイキング，野外散歩」も男女ともに5位内と順位が高い。その他，「クルージング」「海水浴」「バーベキュー」などの潜在需要が高い。男女の違いをみると，男性では「温泉施設」「オートキャンプ」「登山」，女性では「エステティック，ホームエステ」「料理」「ヨガ，ピラティス」が特徴的である。

　参加率と潜在需要との間にはギャップがある。参加率の場合，屋内あるいは身近な生活圏での余暇活動の順位が高い。一方で，潜在需要では，屋外かつ非日常圏で実施可能な余暇活動の順位が高い。また，男女の違いでは，参加率の場合よりも潜在需要に男女の嗜好性の違いが明瞭に表れている。

(3) ライフステージと余暇活動

　子どもや若者の時期は，成長段階に応じて，幼稚園，小学校，中学校，高校，大学といったように，生活時間の多くを占める学校生活の環境が数年おきに変

表1-1　20代男女における余暇活動の参加率および潜在需要（上位10位内の活動）
（レジャー白書2019より作成）

順位	男性		女性	
	参加率	潜在需要	参加率	潜在需要
1位	・映画（テレビは除く）	・海外旅行	・国内観光旅行（避暑，避寒，温泉など）	・海外旅行
2位	・国内観光旅行（避暑，避寒，温泉など）	・遊園地	・SNS，Twitterなどのデジタルコミュニケーション	・ピクニック，ハイキング，野外散歩
3位	・SNS，Twitterなどのデジタルコミュニケーション	・温浴施設（健康ランド，クアハウス，スーパー銭湯）	・動物園，植物園，水族館，博物館	・遊園地
4位	・テレビゲーム（家庭での）	・ピクニック，ハイキング，野外散歩／動物園，植物園，水族館，博物館	・映画（テレビは除く）	・エステティック，ホームエステ
5位	・音楽鑑賞（配信，CD，レコード，テープ，FMなど）		・複合ショッピングセンター，アウトレットモール	・料理（日常的なものは除く）
6位	・カラオケ	・クルージング（客船による）	・ドライブ	・国内観光旅行（避暑，避寒，温泉など）／クルージング（客船による）
7位	・ジョギング，マラソン	・オートキャンプ	・カラオケ	
8位	・読書（仕事，勉強などを除く娯楽としての）	・登山	・外食（日常的なものは除く）	・ヨガ，ピラティス
9位	・ドライブ	・バーベキュー／海水浴	・遊園地	・バーベキュー
10位	・複合ショッピングセンター，アウトレットモール		・音楽鑑賞（配信，CD，レコード，テープ，FMなど）	・海水浴

わる。そして，大学を卒業して社会人となり，さらに結婚することで独身の状態から家庭を築く段階に入る。このように20‐30年の間に，若者のライフステージは次々に移行する。

　ライフステージとは，人間の一生を節目となる出来事でいくらかに区切った場合の各段階のことである。例えば，幼少年期，青年期，壮年期，老年期など，年齢を基準とした区分がわかりやすい。総務省の社会生活基本調査では，「教育を受けている時期」「独身期」「結婚後」などのように区分し，さらに，それ

ライフステージ	園児	小学生	中学生	高校生	大学生	社会人 (独身)	社会人 (既婚・子あり) 主婦・主夫
ライフイベント系 の旅行	遠足	林間学校	修学旅行	修学旅行	卒業旅行 ゼミ旅行	社員旅行 報奨旅行	新婚旅行
余暇活動 **行動範囲** 日常的余暇 短時間観光 日帰り観光 国内宿泊旅行	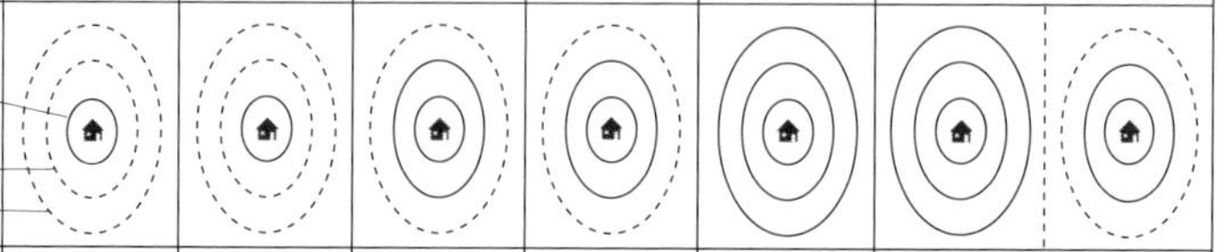						
夜間外出	×	×	△	○	○	○	△
海外旅行	×	×	×	△	○	○	△

図1-1　若者のライフステージと余暇活動

ぞれの段階を細分化している。ライフステージによって生活環境は大きく変化し，その環境に適応することにより，生活スタイルが変わっていく。そして，それは余暇生活にも影響する。

　ライフステージと余暇活動の関係を扱った先行研究として，若生ほか（2001）の論文がある。彼女らは，ライフステージからみた女性の観光行動の特性を分析した。その結果，女性の観光行動には，結婚や出産，子どもの成長といったライフステージの変化が，大きな影響を与えていることがわかった。女性はライフステージがもたらす時間的・経済的な制約条件に応じて，観光形態，旅行距離，同行者などを選択する。

　本章では，子どもと若者の時期のライフステージを**図1-1**のように設定した。また，各段階における余暇活動の特徴を，特に活動の時間的・空間的広がりに着目して表現したものを模式図として示した。(4) 園児，小学生，中学生，高校生，大学生と段階が進むにつれて，身体的・精神的・社会的能力が向上する。これにより，余暇活動は他力中心から自力中心へと変化し，また，行動範囲が時間的・空間的に拡大する。また，それぞれの段階において，特別な団体・グループ旅行（修学旅行や新婚旅行など）を経験する。

　園児や小学生の頃は昼間の日常的余暇が中心で，夜間外出や遠出の旅行は保護者との同伴が必要である。中学生になると行動範囲が広がり，日常生活圏からさほど遠くない場所での短時間や日帰りでの観光・レジャーが可能になるが，夜間外出は社会的にもまだ許容されない。高校生になると，アルバイトが可能になるため，経済面で親に依存していた状況から部分的に脱却する。また，中

学生の時よりも門限が遅くに設定され，夜間外出の自由度が高まる場合もある。そして，大学生や社会人になれば，自由意思での行動の選択肢が拡大し，金銭的な制約から大きく解放され，自力での海外旅行を含めた様々な余暇活動を行うことができるようになる。

　ライフステージごとに余暇活動の意義や効用は異なる側面をもつ。著しく心身が成長する子どもの頃は，自由時間での自発的な遊びへの参加を通して，創造性や協調性を育むことができる。また，自立した若者であれば，趣味に没頭する，自分探しの旅に出るといった余暇活動を通して，自己のアイデンティティを模索する機会をもてる。

(4) 若者の消費離れ？

　世代によって若者の育った社会経済環境は異なり，それによって若者の価値観や余暇生活における消費行動も異なる。最近では，若者の旅行離れ，若者のクルマ離れ，若者のテレビ離れなど，様々な業界で今の若者の消費欲の低下を問題視する言説をみかける。それだけ世間は若者に関心があるとみることもできるが，信憑性のない情報も少なくない。

　久我（2014）は統計データを基に若者の消費実態を分析することで，その真偽や背景を確かめており，いくらかの興味深い事実を指摘している。例えば，最近の若者は外食離れが進行しているといわれており，実際に外食への支出も減少しているのだが，それは自宅で食事や娯楽を楽しむ「イエナカ消費」の実施が増えたためだという。そしてその背景には，低価格で高品質なメニューの充実，デリバリーサービスの普及，調理食品の高度化の恩恵がある。

　また，若者の出国者数や留学者数の減少を受けて今の若者は内向き志向だから海外旅行離れをしているという憶測に対し，実際はそのようなことはないという結論を導いている（久我 2014）。出国者数や留学者数の減少は少子化による若者の人口自体が減ったことや，テロや経済失速などの外部要因による一次的影響であり，決して若者が内向き志向なわけではないという。2000 年前後に若者の出国率（出国者数を人口で割った値）が減っていた時期もあったが，LCC の登場や羽田空港の国際線の利便性向上により，お金や時間に関する阻害要因が 2008 年以降低減されたことで，若者の出国率は上昇し，2010 年代後半には 1990 年代半ばの水準にまで回復した。

一方で，国内宿泊旅行に関しては，旅行離れが進んでいることは事実である（日比野・佐藤 2012）。より正確には，旅行に行く層と行かない層に二極化しているといわれている。旅行に行かない若者が増えた原因として，時間とお金のコストの問題の他，インターネットの普及や高度化したアニメ・ゲームなど競合する余暇活動の増加，旅先の情報入手の容易化による既視感の浸透などが考えられる（国土交通省観光庁 2009）。

　以上のように，一部の余暇市場で，若者の消費離れが実際に確認されている。しかし，それをもって若者全体の消費離れとして結論づけるのは早計であろう。今の若者は，かつての若者のように，流行の商品ばかりを購入するような傾向は薄れている。今の若者は，余暇活動の選択肢が広がり，消費行動が多様化している分，実態を把握しづらい。本書では各論を通して，そうした若者の余暇活動の実態をも明示していく。

2　若者の文化消費

(1) 若者文化の隆盛

　「若者文化（ユースカルチャー，youth culture）」とは，端的にいえば，若者に支持されている文化であり，積極的な消費対象ともなる文化である。文化という概念は複雑であり，その意味する言葉に決定的な定義はないが，芸術や音楽のように生産と消費のあり方を指し示す言葉として用いられる場合や，日常的な生活様式に関わる意味的総体として捉えられる場合がある（北田 2012）。前者の意味をもつ若者文化の例として，アニメ，マンガ，ゲーム，アイドルが挙げられ，これらの熱烈な愛好者は「オタク」と呼ばれる。また，音楽（ロックや EDM など）やダンスも近年の若者文化を象徴するものである。そして，後者の例としては，ギャルや竹の子族といった若者集団のファッションや振る舞い，SNS での文字や画像を使った特徴的なコミュニケーションなどが挙げられる。

　若者文化は，社会で主流となっている文化（メインカルチャー）とは異なる新しい価値観をもつことから，下位文化（サブカルチャー）としての性質をもつ。「サブカルチャー」とは，特定の社会層や集団を担い手として独自の性質を示す文化であり，全体との差異性が重視される（大山 2012）。これまで，サブカ

ルチャーとしての若者文化を特徴づける性質として，逸脱性，周縁性，対抗性が強調されて論じられてきた（大山 2012）。こうした性質から，若者文化は主流社会から正式な文化として認められていない場合もある。

　若者文化は「特殊」という位置付けであるとはいえ，若者文化の価値はメインカルチャーに匹敵するほどの潜在性を有する。例えば，ロックをはじめとしたポピュラー音楽がグローバルに構築されていること，「若者の街」である渋谷や原宿が最先端の流行を発信する場所とみなされていること，アニメやマンガが大衆文化として発展していることなど，証左となる事例は少なくない。

　2000 年以降の日本では，経済不況からの脱却と国際的地位の向上のため，アニメやマンガを中心とした日本のコンテンツを，国家のブランディング戦略に組み入れ，「クールジャパン」として諸外国に向けて発信している。こうした取り組みもあって，若者文化は日本のソフトパワーを構成するものとして，世界から大きく注目されるようになったとともに，日本のオルタナティブ文化としての地位を築きつつある。

　このように，日本では若年人口は減少しているにもかかわらず，若者文化には衰退の兆しがみえない。一部はアニメのようにグローバルに展開し，諸外国の若者にも大きな影響を与えている。また，カジュアルなオタクとしての活動を楽しむ中年の大人が珍しくなくなったように，若者文化の「脱世代化」も進行している（小谷ほか 2012）。

(2) 若者文化と空間

　序章で説明したように，地理学は空間の学問ともいわれ，様々な地域の特性やある現象の地域的展開などを究明する点が特徴である。そして，そこで扱う対象には若者文化も含まれる。日本の人文地理学では若者文化に関する研究報告は少ないが，英語圏では若者文化に関する議論が盛んであり，1998 年に発表された『Cool Places: Geographies of Youth Cultures』は，人文地理学における若者文化研究の先駆けとなった（杉山 2003）。

　若者文化を場所や地域との関わりから考えてみよう。「場所」とは，一般的には何かが行われる地点を意味することが多いが，個人や集団によって特別な意味を与えられた空間という意味でも使用される。また，「地域」とは何らかのまとまりをもつ空間の広がりであり，客観的な事象から地図化し，区分すること

が可能である。

　現実の都市空間は，商業地や住宅地のように特定の要素に共通の性質がある地域（等質地域）に分化している。また同時に，商圏や都市圏のように核となる場所や地域を中心に各所が結びついた地域（結節地域）が形成されている。そして，さらに細かくみると，そうした地域内には，子ども，若者，中年者，高齢者など，それぞれのライフステージに対応した空間がある。日常生活において，子どもや若者は学生の頃に学校という場所で勉強に励み，社会人になって会社勤めになれば会社のオフィスという場所で働くようになる。また，観光地や繁華街のような非日常的な空間にも，高齢者が好むような場所もあれば，若者ばかりで賑わう場所もある。そして，それぞれの場所や地域で活動するコミュニティには，その集団内でのコミュニケーションによって培われた文化がある。

　日常生活の舞台となる場所や地域では，生活者の帰属するコミュニティのもつ生活様式や伝統が文化の基礎となる。他方，観光地や繁華街のような消費空間においては，生産者・商業者側のコミュニティに根付く文化があるとともに，消費者側には場所や地域に対する一定の共通認識をもった不可視のコミュニティによって形成される消費文化がある（成瀬 1993）。「若者の街」と呼ばれる地域では，ストリート文化，オタク文化，クラブ文化のようなサブカルチャーが集積しているが，それらを支えるコミュニティの構成要員を特定することは困難である。こうした文化はすでに記号化され，メディアを通して伝播し，不特定多数の若者の消費対象となっているのである。

　近年ではインターネットの発達によって，若者文化の生産・消費は，現実の空間（オフライン空間）だけでなく，オンライン空間にまで拡張している。オンライン空間は世界とつながっており，ローカルな若者文化の情報は，インターネットを通して即座に国や地域を超えて共有される。オンライン空間でのメディアやネットワークを介したコミュニケーションによって，ある国・地域の若者文化が遠く離れた他の国・地域の若者文化に影響を及ぼすこともある。現代の若者文化とは，閉じられたローカルな文化ではなく，グローバル社会との「相互作用の産物」である（Massey 1998）。

3 若者の情報行動

(1) 現代のメディア環境

　近年の若者に関する研究で，とりわけ注目されているテーマの一つが，若者とメディアの関係である。情報通信技術の進歩はメディア環境に変化をもたらし，さらにそれを扱う若者のコミュニケーションに大きな影響を及ぼしている。

　メディアには，大きくマスメディアとパーソナルメディアがある。「マスメディア」とは，大衆に対して一方向的に情報を大量に発信・伝達する媒体であり，テレビ，ラジオ，新聞，雑誌が代表的である。「パーソナルメディア」とは，個人が情報を発信することのできる媒体であり，パソコンや携帯電話・スマートフォンで操作する電子メール，ブログ，ソーシャルメディアなどが含まれる。

　「ソーシャルメディア」とは，個人間のつながりを介した情報コミュニケーションを行うメディアであり，ブログ，Twitter や Instagram のような SNS（Social Networking Service），YouTube などの動画共有サイト，LINE などのメッセージングアプリ，食べログなどの情報共有サイトがある。ソーシャルメディアには，特定の話題に参加者が集まりネットワークが形成される，ユーザが増えるほど便利になる，ユーザ同士のコミュニケーションが可視化されるといった特徴がある。

　総務省（2018a）の調査によると，10代から30代までの若者に共通して利用率の高いソーシャルメディア系サービスは，LINE，Twitter，Instagram，YouTube である。LINE と YouTube は約90% もの利用率である。その他，Facebook が 20 - 30 代で，TikTok が 10 代で，ニコニコ動画が 10 - 20 代でそれぞれ利用率が 30% を超えている。

　ソーシャルメディア系サービスの高利用率の背景に，これらにアクセスするためのデジタル機器の急速な普及がある。特に，高機能でありながら手軽に持ち運べるという利便性を兼ねたスマートフォンは，生活の様々な場面において時間や場所の制約を超えたプラットフォームとして確立されつつある（公益社団法人経済同友会 2016）。総務省（2018b）の通信利用動向調査によると，スマートフォンを保有している世帯の割合は 2018 年に 79.2% にもなり，パソコンを保有している世帯の割合（74%）を上回っている。

スマートフォンは，人々の余暇活動に大きく影響を及ぼしている。観光旅行を例にすると，かつては旅行代理店の企画・販売するパッケージ商品を購入していたのが，最近ではスマートフォン片手にインターネットにアクセスし，OTA（Online Travel Agent）の運営する Web サイトから旅行商品の購入や宿泊予約をするようになった。さらに，位置情報サービスによる現在位置把握やルート案内，高機能化したカメラによる写真や動画の撮影，SNS による観光体験の発信・共有など，スマートフォンは人々の現地での観光行動をサポートする，強力なモバイル端末として機能する。

(2) 若者の情報選択

　パーソナルメディアの発達と普及は，若者のコミュニケーションやコミュニティとのつながり方に変化をもたらした。今の若者は SNS を通じていつでもどこでも家族や友人とつながっていられる。また，現実空間での対面接触機会のない人々とオンライン空間で交流することも当たり前になっている。

　今の若者は「デジタルネイティブ」といわれ，幼い頃からパーソナルメディアを所有し，趣味・娯楽，情報探索，コミュニケーションのためにそれらを利用してきた。ここ最近では，SNS アプリの進化や，画像・動画情報の処理技術の発達により，世界中のあらゆる情報を簡単に入手・閲覧することができる。さらに，自ら情報の発信者として，不特定多数の人々に向けての自己表現を行うことも可能である。

　マスメディアとパーソナルメディアの並存によって情報過多となった現在，若者は自らの好みに合ったメディアを利用し，そこからさらに情報を取捨選択していく。若者の観光行動においては，マスメディアによる一方的な観光情報だけを参照するのではなく，ソーシャルメディアから得られる口コミ情報を重視する傾向が強まっている。隠れた地域資源が SNS を通して拡散され，それをみた若者が訪れ，またさらに情報を共有・拡散することが繰り返されることで，新たな観光スポットが創出されるという現象も起きている。

　しかし，現在の利便性の高い情報環境が，若者の消費意欲を減退させる要因となる場合もある。堀（2016）は若者が他者の発信する多くのリアリティある情報に触れ，バーチャルにコトやモノを体験し，それらを擬似的に消費するだけで満足してしまう様を懸念している。このような傾向は若者の観光行動にお

いても現れている。つまり，魅力的な観光地の画像をみて，それだけで満足してしまうのである。現在の溢れた観光情報は旅行への動機付けとなる場合もあれば，それを妨げる要因にもなる。

　また，多様な情報にアクセスできるようになったことが，若者の分断化を進めているという考え方もある。選択肢が増大すると，人々は興味のある情報ばかりをみることが可能になる。AI技術を基盤とした情報のフィルタリングや検索エンジンの個別最適化は，それを促進するものである。また，ソーシャルメディアは価値観や趣味の合うもの同士をつなげやすい。こうした情報環境下にいる若者たちは，自身の興味に応じて様々な集団に別れ，それぞれの集団内で自分たちの好きなものばかりを消費する傾向が強まっているのではないだろうか。それは集団内での結束を高めるが，同時に異質な情報や他者への不寛容を促進する可能性もある。

4　今の若者の特徴
——まとめ——

　本章では，今の若者の特徴を，余暇生活，文化消費，情報行動の三つの視点から解説した。様々な内容を扱ったため，要点を以下のように整理しておく。

　心の豊かさを重視し，個性を大切にする今の若者にとって，自分らしさを追求できる余暇活動は生活満足度の向上に欠かせない。今の若者の余暇生活は，屋内や身近な生活圏での日常的な余暇活動が中心だが，潜在的には観光やスポーツのような屋外かつ非日常圏での活動の需要がある。ただし，若者のライフステージがもたらす制約によって，選択される余暇活動の種類や空間範囲は異なる。一部の余暇市場では若者の消費離れが確認されているが，それは若者の余暇活動の選択肢の広がりや，消費行動の多様化によるものと考えられる。

　若者による余暇活動がみせる特異性として，ファッション，アニメ，音楽（ロックやEDMなど）といった若者文化の消費がある。若者文化はサブカルチャーとしての性質をもつことから，主流社会では文化として認められない時代もあった。しかし，現在の日本において，若者文化の一部はクールジャパンを構成し，諸外国の日本ファン増加に寄与する魅力要素とみなされている。また，東京に若者文化の色濃く表れている街があるように，若者文化は地域的に

展開し，多くの若者を集める街の魅力ともなっている。そして，インターネットの普及など情報化社会の進展に伴い，若者文化の生産・消費はオンライン空間にまで拡張し，国や地域を超えた広がりをみせている。

　情報通信技術の進歩により多様化したメディアは，若者の生活に大きく影響を及ぼしている。最近では，スマートフォンとソーシャルメディアの普及が，若者のコミュニケーションや消費行動に変化をもたらした。口コミ情報の提供や参照，SNS による観光体験の共有などにみられるように，一般のユーザが発信する情報が，その他大勢のユーザにとって大きな価値をもつようになった。その一方で，情報入手の容易化による既視感の浸透や，偏った情報選択による寛容さの低下といった負の側面が懸念されつつある。

　以上が，主に文化面からみた，今の若者の特徴である。ただし，本章ではあくまで，多くの若者に共通するような一般的傾向について述べた。人間には個性があるため，若者にも多様性があって当然である。実際には，余暇活動の選択，若者文化への傾倒度合い，メディアから受ける影響などには，それぞれ個人差がある。また，大都市と地方の若者にも異なる点がある。そして，若者論には他にも様々な視点があり，ここですべてを語ることはできていない。

　こうした課題はあるものの，本書を読み進める上で必要な知見を，コンパクトに提示することができた。次章以降に登場する若者の多様な観光・レジャーの背景考察にて，ここでの解説事項を参照し，大都市圏における若者と地域観光に対する理解をより深めることに役立てていただければ幸いである。

(1)　「ゆとり世代」とは，2002 - 2011 年の間に義務教育を受けた人たち（1987 - 2003 年生まれ）のことである。この時期，教育指導要綱の改訂により，義務教育が知識量重視の「詰め込み教育」から経験重視の教育に転換されたのだが，学力低下などへの批判から「ゆとり教育」と呼ばれた。「さとり世代」は，2010 年代にみられる若者の消費低下を，物欲にこだわらず悟りを開いていることに例えたことから生まれた言葉であり，該当する年齢幅はゆとり世代とほぼ同じである。

(2)　世論調査の「これからは心の豊かさか，まだ物の豊かさか」という質問への回答結果に基づく。若者だけの回答結果をみても，心の豊かさ重視という回答の数が，物質的豊かさ重視の方を上回っている。ただし，若者は中高年と比べると，まだまだ物質的な豊かさを追求したいという人は多い。

(3)　『レジャー白書』では，毎年全国の 15 歳以上 79 歳以下の男女を対象に，国民の

余暇活動の実態を調査している。2019年のインターネット調査における有効回収数は3226件である。本章で示した参加率は「ある余暇活動を，1年間に1回以上おこなった人（回答者）の割合」，潜在需要は「希望はあるがまだ実現していない（今後期待される）需要の大きさ。通常，希望率から参加率を差し引いた値で示す。」と説明されている。なお，希望率とは「ある余暇活動を将来やってみたい，あるいは今後も続けたいとする人（回答者）の割合」である。

(4) 日常的余暇，短時間観光，日帰り観光の考え方については，本書第4章1節を参照してほしい。

■参考文献

大山昌彦 2012. 若者サブカルチャーの脱世代化と地域化に伴う変容. 小谷敏・土井隆義・芳賀学・浅野智彦編『若者の現在 文化』177-209. 株式会社日本図書センター.

北田暁大 2012. 若者論の自由. 小谷敏・土井隆義・芳賀学・浅野智彦編『若者の現在 文化』33-62. 株式会社日本図書センター.

久我尚子 2014.『若者は本当にお金がないのか？──統計データが語る意外な真実』（光文社新書）光文社.

公益社団法人経済同友会 2016. ミレニアル世代がもたらす変化を先取りし，企業の成長戦略の核に. https://www.doyukai.or.jp/policyproposals/articles/2016/pdf/160804a.pdf（最終閲覧日：2020年12月31日）

国土交通省観光庁 2009. 日本人の観光旅行の状況に関する調査・分析等報告書. http://www.mlit.go.jp/common/000059312.pdf（最終閲覧日：2018年6月29日）

小谷敏・土井隆義・芳賀学・浅野智彦 2012. 解説. 小谷敏・土井隆義・芳賀学・浅野智彦編『若者の現在 文化』9-29. 株式会社日本図書センター.

杉山和明 2003. 若者の地理──英語圏人文地理学における「文化論的転回」をめぐる問いから. 人文地理 55(1)：26-42.

総務省 2018a. 情報通信メディアの利用時間と情報行動に関する調査報告書. https://www.soumu.go.jp/iicp/research/results/media_usage-time.html（最終閲覧日：2020年12月31日）

総務省 2018b. 通信利用動向調査. https://www.soumu.go.jp/johotsusintokei/statistics/statistics05a.html（最終閲覧日：2020年12月31日）

内閣府 2018. 特集 就労等に関する若者の意識. https://www8.cao.go.jp/youth/whitepaper/h30gaiyou/s0.html（最終閲覧日：2020年12月31日）

成瀬厚 1993. 商品としての街，代官山. 人文地理 45(6)：60-75.

古市憲寿 2011.『絶望の国の幸福な若者たち』講談社.

日比野直彦・佐藤真理子 2012. 若者と旅——若年層の国内観光行動の時系列分析. 国際交通安全学会誌 37：142-150.

堀好伸 2016.『若者はなぜモノを買わないのか「シミュレーション消費」という落とし穴』青春出版社.

若生広子・高橋伸夫・松井圭介 2001. ライフステージからみた女性の観光行動における空間的特性——仙台市北部住宅地の居住女性を事例として. 新地理 49(3)：12-33.

Massey, D . 1998. The spatial construction of youth cultures. In *Cool places: geographies of youth cultures* eds. Skelton,T. and Valentine,G., 121-129, Routledge.

2 章

若者文化と都市空間
── 地域イメージと街の文化受容からみる「若者の街」──

キーワード : 若者の街，若者文化，地域イメージ，都市空間

　東京には，若者文化を受容・発信し，多くの若者で賑わうとして，知名度の高い街が存在する。こうした街は，「若者の街」と呼ばれ，原宿や渋谷はその代表として有名である。現在では，原宿や渋谷の他にも，若者の街と呼べる街が複数形成されており，それぞれが個性を発揮しながら存立している。それらにはファッションなどの若者の好むコンテンツが集積しており，それを消費する若者の様子が度々マスメディアによって伝えられてきた。最近ではSNSによる情報受発信も加わり，若者文化がより多様な経路によって受発信されるようになった。

　しかし，インターネットやスマートフォンなど情報通信技術の進歩によって，若者文化の生産・消費の場は，現実空間からオンライン空間に移ってきており，かつてほど今の若者の街には若者文化を発信する力はないという見方もある。また，1980-1990年代に若者の街として隆盛していた渋谷が，2010年以降の大規模再開発の過程で「大人な街」とも報じられるようになったように，若者の街は少しずつ変容しているのも事実である。だが渋谷は今でも若者の街という全国に流布したイメージがあるし，渋谷駅前にはまだ多くの若者を見かけることができる。人口減少社会の日本にありながら，東京大都市圏に関しては若者の一極集中によって，若者市場が大きいまま維持されており，彼らの需要に応じる消費空間はそう簡単には消失しないし，むしろ新しい世代の価値観や需要に対応した新たな空間が創造されることもあろう。

　東京大都市圏において，これまでの若者の街は，今の若者にとっても若者の街なのだろうか？　また，今の若者が若者の街あるいは若者が多く集まるとイ

メージする街はどこなのか？　本章では，こうした問いを地域イメージに関する Web アンケート調査の結果から検討する。そして，若者がイメージする若者の街の特徴を，若者文化の受容過程に焦点を当てて検討する。より具体的には，アンケート調査の分析で若者が多く集まるイメージをもたれた街を対象に，若者文化の発信拠点としての特徴やそのようになった経緯をみていく。

1 若者からみた街のイメージ

(1) 地域イメージ

　地域イメージには様々な定義があるが，その多くが地域イメージを個人や集団の心理に内在する概念として捉えている。ハント（Hunt 1975）は，地域イメージを「地域が持つ客観的な特性からではなく，訪問者らが感じる，または，象徴的な意味や全体イメージによって形成されるもの」だと主張している。また，クロンプトン（Crompton 1979）は，地域イメージは「人々が場所や地域に対して抱く信念・考え・印象の集まり」だと述べている。つまり，地域イメージとは地域に関する知識ではなく，個々の人がある地域について主観的に考えたり感じたりするものであり，また，多くの人々が特定の地域に対して共通して想起するような像や情景でもある。

　個人がある場所や地域に対して抱くイメージは，大きく認知イメージ（cognitive image）と感情イメージ（affective image）の二つの要素から構成される。認知イメージは主に地域の物理的対象に対するイメージであり，感情イメージはその場所に対する「楽しい」などの感情的なイメージである（Baloglu and McCleary 1999）。認知イメージと感情イメージが相互に影響し合いながら，地域全体のイメージが形成されていく。また，メディアを通して伝搬される情報は認知イメージの形成に大きく影響する。

　観光関連の情報の伝播によって形成される大衆的な地域イメージは，大きく組織イメージ（organic image）と誘導イメージ（induced image）に分けられる（Gunn 1972）。組織イメージとは観光と直接関係しない新聞や雑誌の記事，TV 報道などから生じるイメージのことであり，マスメディアによる情報に接触していくことによって，ある地域のイメージが形成されていくとされる。これに対し，誘導イメージとは地域側によるプロモーションや広告によって興味喚起

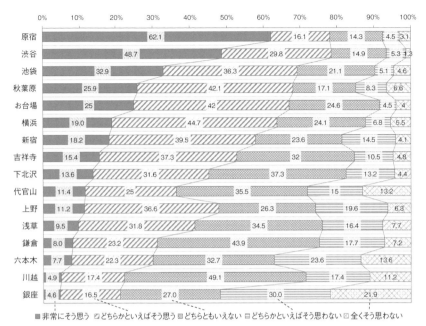

図 2-1　各街に対する「若者や子どもがたくさんいる」イメージへの若者の同意度（Web アンケート調査結果より作成）

や観光者誘致を図りながら観光地としてのイメージ形成を目指すものである。

(2) 地域イメージ調査

　若者からみた地域のイメージを探るため，Web アンケート調査を実施した。これは，東京大都市圏にある 16 箇所のイメージを明らかにするためのものである。若者が多く集まる街では，若者は余暇時間を利用したショッピングやグルメに加え，若者向けのイベントや若者同士での交流を楽しむためにそこを訪れる。そのため，東京大都市圏内に立地する観光・娯楽性の高い「盛り場」を分析対象とした。調査期間は 2018 年 1 月 5 日から 1 月 8 日の 4 日間である。回答者は，東京大都市圏在住の 15 歳から 34 歳までの若者 909 名である。本章では，数ある質問項目の中から，若者と街の関連を把握することのできる二つの質問を選出し，その結果を示す。一つ目の質問では，「若者や子どもがたくさんいる」イメージへの同意度を 5 段階で評価してもらった（**図 2-1**）。若者の街

のイメージを最も強く生起する要素は，やはり若者の存在そのものだと考えた。二つ目の質問では，それぞれの街のより具体的なイメージ（「バショ，モノ，ヒトに関して，どのようなイメージを持っているのか」）を自由記述形式で回答してもらった。

(3) 若者からみた地域のイメージ

　結果として，原宿，渋谷，池袋，秋葉原，お台場，横浜，新宿，吉祥寺の八つの街において，「若者や子どもがたくさん集まる」イメージへの同意度に対し，「非常にそう思う」「どちらかといえばそう思う」を合わせた回答者の割合が半分を超えていた。これらの街の具体的なイメージ要素を，ワードクラウドとして視覚化したものを図2-2に示す。この図の作成に当たり，自由記述形式の質問で回答された文章を，テキスト解析という手法で単語に分解し，出現頻度が高い単語ほど文字が大きくなるように表示させた。以下より，街ごとの分析結果を述べる。

　原宿は「非常にそう思う」の回答だけで62.1%もあり，若者がたくさん集まる地域としてのイメージが定着している。渋谷は「非常にそう思う」の回答率48.7%と原宿に劣るものの，「どちらかといえばそう思う」の回答を合わせると，原宿の回答率を上回る。渋谷と原宿は，イメージ要素として「若者」と「ファッション」の単語の出現頻度が特に高い点が特徴的である。また，「流行」「最先端」といった単語もみられることから，ファッションを中心として流行に敏感な若者が集まるという印象をもたれている。

　池袋と秋葉原は，若者が想起するイメージ要素として「アニメ」が多く出現している。アニメを含むサブカルチャーは若者文化の典型である。こうしたコンテンツに関する商品を販売する店舗が池袋や秋葉原に集積していることもあり，最近では両者ともアニメ文化の発信地として知られている。

　お台場は，テレビ局である「フジテレビ」を想起する若者が特に多い。また，「イベント」「ショッピング」「デート」「夜景」といった単語が多く出現していることから，若者向けのレジャーに適した行楽空間というイメージをもたれている。そして，「ダイバーシティ」「ガンダム」「レインボーブリッジ」といった大型の構造物をイメージ想起した若者が多いことから，これらは地域のランドマークとして認知されている。

図2-2　若者からみた街のイメージ要素（Webアンケート調査結果より作成）

横浜は,「中華街」の出現頻度がとりわけ高く,横浜中華街は若者にとって重要なイメージ要素だとわかる。その他,「みなとみらい」「赤レンガ倉庫」「綺麗」「おしゃれ」といったイメージをもたれている。

　新宿は,かつて若者の街といわれていたが,東京最大の繁華街となり多様な顔をもってから,若者のイメージはなくなった。今では若者にとって新宿は「歌舞伎町」のイメージが強く,それに関連して「治安」がよくないというイメージをもたれている。他方で,「ショッピング」や「買い物」の出現頻度も高い。日本有数の商業集積地という特性から,新宿で様々な購買行動を行う若者も多いのであろう。

　吉祥寺は,「おしゃれ」という単語が目立って多く,「ファッション」「カフェ」との共起関係がある。しかし,原宿や渋谷ほど「ファッション」といった特定の事物の出現頻度は目立っておらず,「おしゃれ」というイメージが先行している。原宿や渋谷ほど知名度が高くない,あるいは訪問経験のある回答者が少ないため,「おしゃれ」に結びつく具体的な事物のイメージが想起されない場合が多かったのであろう。

(4)「若者の街」と認知される条件

　若者からみた地域イメージを独自の調査から検討した結果,東京大都市圏では,原宿,渋谷,秋葉原,池袋,お台場,横浜,新宿,吉祥寺といった街において,「若者や子どもがたくさんいる」との印象をもたれていた。しかし,地域イメージの構成要素として「若者」が重要な位置づけにあるかどうかについては,地域差があった。原宿や渋谷の場合,「若者」が「ファッション」と並ぶ地域イメージの主要素であったのに対し,他の街の場合,「アニメ」「フジテレビ」「歌舞伎町」「中華街」「おしゃれ」など,「若者」そのものよりも地域の産業,物理的要素,雰囲気が強く想起されていた。つまり,原宿や渋谷は大部分の若者から若者の街として認知されているが,他の街については若者が集まる印象はあっても,若者が街の中心的な存在としてイメージされるまでには至っていない。

　原宿や渋谷のように若者の街としての確固たるイメージが定着する要因には,何があるのだろうか? 考えられる要因として,若者が多く集まることの他,若者文化の地域への表出やメディアによる情報発信がある。地域イメージは,

古くからそれぞれの街がもっているもの，あるいは都市空間の物理的変容によってつくり出されるが，そうしたイメージはメディアによって広められる（三上 1997）。さらに，メディアによって街は「商品化」され，流行に敏感な若者たちを中心とした消費活動がもたらされる。若者が多く集まるようになった街には，ファッション，音楽，アニメなど，若者に支持される文化の形態や活動，つまり若者文化が集積し，個々の店舗だけでなく街という範囲にまで若者文化が表れる。そして，ある程度の年月をかけて，街中での若者文化の生産と消費が繰り返されることにより，若者の街としてのイメージが定着していく。

　若者の街としての地域イメージ形成過程を以上のように仮定すると，原宿や渋谷に限らず，アニメ文化の拠点として知られる秋葉原・池袋や，「イベント」「デート」など若者の好む活動の場を提供するお台場も，将来的には「若者の街」としてより広く認知されるようになる可能性をもつといえる。

2　若者で賑わう街の特徴

　ここからは，前節で取り上げた若者が多く集まる街の特徴や形成過程についてみていく。まず，長らく若者の街の代表であり続ける原宿と渋谷を，次にアニメを中心としたサブカルチャーの中心地となった秋葉原と池袋を，最後に東京都内有数のレジャースポットであるお台場を取り上げる。

(1) 原宿
　原宿は，1964 年の東京オリンピックを契機に急速な開発がなされた。英字名の高級マンションや外国人向き店舗が開かれ，国際的な雰囲気が漂うおしゃれな街となった（松澤 1986）。このような街の変化が，若い女性たちの人気を集めた。また，競技会場や選手村に隣接したことで，オリンピック期間には大会に集まる日本人や外国人によって賑わった。一方で，1965 年に外国文化の影響を受けた若者による「原宿族」が出現し，高級スポーツカーで暴走し，深夜に飲食店で大騒ぎをする行動が社会問題ともなった（市川 2014）。

　1970 年代後半になると，原宿を中心に女性向けファッション誌『アンアン』や『ノンノ』に影響を受けたいわゆる「アンノン族」が誕生した[1]。続いて，1978年にラフォーレ原宿が開業し，原宿は東京のファッションの中心地として若者

写真 2-1　原宿の竹下通り（2019 年 11 月渡邊撮影）

に認知されるようになった。1979 年になると，竹の子族が出現した。「竹の子族」とは，竹下通りのブティック竹の子で購入した風変わりな服を着て，グループで踊り狂う少年少女のことである（松澤 1986）。これにより，原宿は独特の若者文化を発信する地として，全国的に知られるようになる。1981 年に入ると，竹の子族の延長として地方の少年少女が休日に踊り狂う「北関東キッズ」が出現した。

　1990 年代後半には，渋谷川の暗渠上の遊歩道であるキャットストリート周辺の裏原宿（ウラハラ）に多数のセレクトショップが集積し，2006 年に開業した表参道ヒルズとともにブランド志向の若者を惹きつけている。現在，原宿や表参道周辺にいわゆる日本初上陸の店舗が多いことは，原宿が流行に敏感な若者を広く受容してきた証である。

　原宿が作り上げてきた独特の日本の若者文化は，1990 年代以降になると日本のポップカルチャーに関心のある海外の若者の注目を集めるようになった。原宿が聖地とされるロリータファッションは，現在では世界中に愛好家が存在している。2015 年にはアートディレクターの増田セバスチャンが手掛けるコンセプトレストランである KAWAII MONSTER CAFE がオープンし，多くの外国人旅行者が原宿の「カワイイ文化」を体験している。このように，現在の原宿は日本の若者文化を世界に発信する拠点としての役割を担っている。

(2) 渋谷

原宿と並んで若者文化の発信地として知られているのが渋谷である。渋谷は東京西部のターミナル駅として繁栄し，若者向けのテナントをそろえたパルコの開店（1973年）とそれに対抗したSHIBUYA 109の開店（1979年）が，若者の街となる上での大きな転換点となった。これらの二つの商業施設が開店した1970年代は，若者文化の中心地が新宿から渋谷へと移っていった時代であった。

1980年代になると，ギャル系のファッションが女子大生を中心に流行するようになり，続く1990年代にはギャルになる前の女子高校生が「コギャル」としてその動向が世間の注目を集めるようになった。1990年代中期には歌手の安室奈美恵のファッションを真似た「アムラー」がセンター街を闊歩するようになり，渋谷のセンター街で発生している事象が日本の若者のトレンドを代表するものとして認識されるようになった。続く「ガングロ」や「ヤマンバ」といった過度な日焼けや奇抜なメイクのギャルもその派手な容姿からメディアに大きく取り上げられた。一方で，援助交際や家出少女などの日本の若者が抱える社会問題についても，渋谷は常に中心地であり続けた。

音楽文化の発信については，1990年代に渋谷に集積したレコード店で入手できる世界中の音楽作品の影響を受けた，お洒落で都会的な「渋谷系」と呼ばれるアーティストが台頭した。後に，渋谷系という言葉は，音楽だけに留まらず，文学，ファッション，ゲームなど様々な場面で使われるようになる。このように，1990年代は，渋谷にとって，様々な面で若者文化の中心地として発展した時代であった。

2000年代以降になると，渋谷が日本の若者文化の中心地であるという認識は海外にまで広がり，多数の歩行者が四方から交わるスクランブル交差点の景色はすっかり東京を象徴する景色として定着した。渋谷のスクランブル交差点は，サッカーワールドカップ日本戦の際やハロウィン，年越しなどのイベント時には日本人の若者だけでなく多数の外国人旅行者も集まる場所となっている（石井 2017）。

その他，渋谷の地域特性については，第12章や第13章でも解説しているため，参照してほしい。

写真 2-2　ハロウィン時の渋谷スクランブル交差点（2019
年 11 月渡邊撮影）

(3) 秋葉原

　戦後の空襲で焼け野原となった秋葉原周辺には，問屋の存在や交通の便の良
さから終戦後間もなく電気店が集積しはじめた。同時期に，現在の東京電機大
学の学生が露天商から真空管を仕入れてラジオを組み立てて販売していたこと
から，秋葉原の周辺には電子部品を扱う露天商が増加し，これが現在のラジオ
会館のもととなった。このように，秋葉原はアマチュア無線やオーディオ，パ
ソコンなどの電子機器に関心がある「オタク」を惹きつける場所となり，秋葉
原は世界有数の電気街として発展していった。1990 年代以降，パソコン部品を
買い求めたオタクがゲームやアニメに興味の対象を広げたことから，電気街の
店舗に加えてアニメ関連の店舗が増加した。[2] 2004 年にインターネットの電子
掲示板 2 ちゃんねるへの書き込みから生まれた「電車男」がブームとなったこ
とで，秋葉原に集まる若者たち「アキバ系」は全国的に認知されるようになっ
た。このようにして，秋葉原は日本のサブカルチャーの中心地として発展して
いった。

　2000 年代後半以降になると，メイド喫茶や AKB48 をはじめとしたアイドル
グループの劇場が増加するようになり，秋葉原は徐々にアニメから実在する女
性を嗜好する消費者へとターゲットを移している（牛垣 2016）。また，マンガや

写真 2-3　JR 秋葉原駅前（電気街口）の街並み（2017 年 7 月
小池撮影）

アニメが外国に広まり，欧米諸国を中心にクールジャパンとして評価されるに
つれ，秋葉原もまた世界の若者が憧れる聖地 Akiba として認知されるように
なった（秋葉原電気街振興会 Web サイトより）。

　以上のように，現在の秋葉原は従来の電気街としての歴史を継承しながら，
アニメやアイドルといったサブカルチャーの発信地としての二つの側面をもっ
ている。これらはどちらにも若者のオタクの存在が深く関わっており，独自の
発展をはたしたこの街は多くの訪日外国人旅行者を惹きつけている。

(4) 池袋

　1958 年の首都圏整備計画にて，新宿や渋谷とともに最初の副都心に指定され
た池袋も，「若者の街」としての特徴をもつ。戦前は若き芸術家が多く集まった
アトリエ村である池袋モンパルナスや，手塚治虫や藤子不二雄など日本を代表
する漫画家たちが青春時代を過ごしたトキワ荘などがあり，池袋周辺では文
化・芸術活動が盛んであった。戦後には，池袋駅と直結するターミナルビル構
想に基づく開発が進められた。1973 年には，副都心の再開発の一つとして，東
池袋にあった東京拘置所の跡地にサンシャインシティが着工し，1978 年に完成
した。

　サンシャインシティは，水族館，展望台，プラネタリウム，ショッピングモー

写真 2 - 4　池袋のサンシャイン 60 通り（2020 年 12 月杉本撮影）

ル，会議場，ホテル，マンションなどからなる複合施設である。サンシャイン水族館や屋内型テーマパークであるナンジャタウンは，若いカップルや家族連れで賑わう。ALTA には主に若者をターゲットとした約 80 のファッション，雑貨店，レストランなどが集まっている。サンシャインシティの開業をきっかけに，池袋駅とサンシャインシティを結ぶサンシャイン 60 通りには，ゲームセンターなど多くの娯楽施設が集積したことで，そこを訪れる若者を中心に人通りが多い場所となった（古田土 2013）。

　2000 年以降，池袋は秋葉原と並ぶアニメ文化の聖地として知られるようになる。ただし，秋葉原が男性向けなのに対し，池袋は女性向けの傾向が強い点が特徴である。これはアニメイトが女性向けに特化した商品展開を始めたことがきっかけとされている。サンシャインシティ西側に近接する商店街は，アニメイトアネックス（旧アニメイト池袋本店）をはじめとするアニメ関連ショップが密集し，そこでのアニメグッズ購入を目的とした女性で賑わうことから，乙女ロードとも呼ばれている。また，2014 年には池袋駅東口の地区にて「池袋ハロウィンコスプレフェス」が初開催され，以後，毎年 2 万人以上が参加する大きなイベントとなった。

　現在，池袋の立地する豊島区では，サブカルチャーやハイカルチャーを問わずジャンルを超えた文化の多様性を活かし，『豊島区国際アート・カルチャー都

市構想』が進められている（豊島区 2015）。池袋はこの主要な拠点として位置づけられている。2020 年には八つの劇場を有する複合施設である Hareza 池袋が開業した。そこに harevutai（ハレブタイ）という，アニメやゲームなど先端コンテンツを発信できる最新鋭の技術が詰まったライブ会場が設置された。これにより，池袋の若者文化の発信拠点としての機能が強化されたといえる。

(5) お台場

　お台場の地名は幕末に外国船の侵入に備えて急造された砲台が由来であるが，現在のように東京湾に広大な土地ができあがったのは第 2 次世界大戦以降の大規模な埋め立てである。1990 年代以降になると，レインボーブリッジやゆりかもめが開通し，お台場周辺は臨海副都心としての整備が期待されたが，1995 年の世界都市博覧会の中止によって空き地が多く残された。しかし，その後のフジテレビ本社の移転や多く残された空き地を利用した大規模なショッピング・レジャー施設の建設により，レジャースポットとしてのお台場の知名度が大きく高まった。

　東京テレポート駅周辺には，デックス東京ビーチ，ダイバーシティ東京プラザ，ヴィーナスフォートなど大型の複合商業施設や，パレットタウン大観覧車，大型ライブハウスの ZeppTokyo，デジタルアート展示のあるチームラボボーダレスなどのレジャー施設が立地している。デックス東京ビーチには，屋内型遊園地である東京ジョイポリス，東京トリックアート迷宮館，マダムタッソー東京，台場一丁目商店街などのアトラクションが集まっている。ダイバーシティ東京は，建物の前に設置された実物大ガンダムの立像で有名となり，若者のみならず訪日外国人旅行者や中高年層のガンダムファンなどが，写真撮影を目当てに訪れる。

　お台場では，土地の広大さを活かした大規模なイベントが開催可能である。その中でも，近年で特に人気であったイベントが，ダンスミュージックの野外フェスティバル「ULTRA JAPAN」である。アメリカのマイアミで開催される大規模な音楽フェスティバル「ULTRA」が日本に誘致された。ULTRA JAPAN は 2014 年から毎年 9 月に開催されており，イベント開催日（2，3 日間）には，シンボルプロムナード公園セントラル広場に設置される特設会場とその周辺に，全国から集まった音楽好きの若者で溢れかえる。そして，国際展示

写真 2-5　お台場のダイバーシティ東京と実物大ユニコーンガンダム立像（2020 年 12 月杉本撮影）

場駅の南側に立地する日本最大の展示場，東京ビッグサイト（東京国際展示場）では，年間を通してあらゆる産業や技術に関する大型展示会が開催される。その中には，参画企業によって提供されるプログラムの一部としての若者向けの体験イベントや，コミックマーケットなど若者を多く集客するイベントも含まれる。

3　「若者の街」の行方

(1) 多様化する「若者の街」

　前項までに取り上げた街以外にも，東京大都市圏には多くの若者で賑わう街は存在する。例えば，世田谷区の下北沢は，今回のアンケート調査では若者の集まるイメージは強くなかったものの，1970 年代から「若者の街」として知られている。古着屋，ライブハウス，劇場，お洒落な飲食店，街中のアートなど，街全体が文化祭のような雰囲気をもつ。下北沢では，若者向けの雑誌メディアと，集客力をもった有名店の立地が街にイメージを付与し，街を方向づける大きな役割の一端を担ってきた（三上 1997）。

　また，新宿区にある大久保コリアンタウンは，韓流ブームをきっかけに K-POP など韓流を象徴する街として若者の需要を取り込み，観光地化が急速に進んだ。今では東京都心の新たな「若者の街」として知られるようになった。これに関しては，第 11 章にて詳しく解説する。

東京都以外にも目を向けてみよう。千葉県の浦安市にある東京ディズニーリゾートは，多くの若者で賑わう観光地である。東京ディズニーリゾートは，1983年の東京ディズニーランドの開業以来，幅広い年齢層が楽しめるテーマパークを目指しているが，2010 - 2019年の期間では18 - 39歳の若者が約50%で，約70%のゲストが女性である。また，女子学生を中心とした若者のディズニー愛好家の中には，何度もパークを訪れる中で独自の楽しみ方を生み出している者もいる。例えば，学校の制服を着用してパークを訪れる「制服ディズニー」やおそろいの格好でパークを訪れる「双子コーデ」は，一部の若者が自然発生的に始めた非日常の共有体験である。これらは「写真映え」や「SNS映え」するため，学生を中心とした女性の若者の嗜好を反映している。

　若者による賑わいは，現代的な都市空間に限定されるわけではない。蔵造り建築の歴史的街並みを基盤として観光地化した埼玉県の川越市では，増加する観光者と多様化するニーズへの対応によって若者の姿が目立つようになった。川越市の観光統計と観光アンケート調査報告書をみると，観光入込客数の増加とともに10 - 30代の年齢層の占める割合が年々高まっている。この理由として，サツマイモ菓子の多様な商品展開やテイクアウト商品の導入といった企業対応と，それを紹介するメディアの増加に加え，地域の観光まちづくりの一環として若者誘客のための取り組みが進められていることが考えられる。『川越市ひと・まち・しごと創生総合戦略』(川越市政策財政部 2015) では，将来都市像である「若者が住み続けたいまち」に向けた施策を展開している。例えば，市内に縁結びの神社がある特性を活かし，着物や浴衣と絡めたPRやデートスポットの紹介などにより，「縁結びのまち」としての川越の魅力を広げ，若い世代を呼び込むとしている。また，『第二次川越市観光振興計画』(川越市産業観光部 2016) では，新たな観光を創るための政策の一つとして「教育機関との連携」を掲げ，「若者を呼び込むための仕掛けづくり」を戦略的重点施策に位置づけている。

　このように，若年人口の多い東京圏では，多様な「若者の街」が形成されている他，若者誘客が都市経営戦略の一つになっている地域もある。

(2) 都市にとっての若者

　本章では，若者の集まる街の特性について，地域イメージと若者文化の受容

過程の観点から検討した。その結果,「若者の街」としての確固たるイメージが定着している原宿や渋谷以外にも,若者文化が表出し,多くの若者が集まるイメージをもたれている街があった。また,流行によって次々と変わる若者の需要に対応しながら変容していく街の様相を確認した。

　都市における街はさらなる価値を付加させるため変容し,また一方で新しい価値を求めて別の魅力ある街へと移行する（成瀬 1993）。都市空間の再編において,街の魅力となる観光や娯楽は重要な要素であり,その活動の中心的存在となる若者のもたらす影響は大きい。特に現代の高度消費社会では,都心の盛り場のような空間において,若者文化とそれらの様式を伴った生活行動が最も明瞭に現れる（杉山 2003）。個性的なファッションに身をつつんで街を回遊する,街で得られる特別な商品や体験を SNS によって情報発信・共有する,仲間との交流や異性との出会いの場を求めて街のイベントに参加するなど,若者は都市の盛り場において自ら若者文化の消費の担い手となる。また,若者による賑わいは街に活気を与える。こうした点から,観光を含む文化産業を基盤とした都心の社会経済的な活性化に若者は欠かせない存在であり,彼らを対象としたマーケティングやプロモーションは,将来の都市経営を図る上で有効な手段である（Wolley 2000）。

　ただし,日本は少子高齢化の時代に突入し,若者が量的な影響力を失ったことで,様々な場面で社会の「若者離れ」が生じているとの指摘がある（電通若者研究部 2016）。確かに,この若者離れは街というスケールにおいても垣間見られる。原宿や渋谷に「若者の街」のイメージが定着した 1980 - 1990 年代は,現在よりも若年人口が多く,全体としての消費力が高かった。そのため,若者は企業のマーケティング活動において重要な訴求対象として捉えられていた。また,テレビや新聞など報道メディアからの注目も現在より大きかった。そのような時代を象徴する街として,原宿や渋谷が世間の関心を集めていたといえる。しかし,2010 年以降では国策としてのインバウンド観光振興による訪日外国人旅行者の急増や,東京 2020 オリンピックを前に相次ぐ都市再開発プロジェクトなどにより,都市の盛り場における人々の関心対象は,若者ではない別のものへと向いている。

　持続的な都市経営のため,時代に応じた選択的行動が必要とはいえ,次世代を担う若者からの支持を放棄することは決して正しい選択とはいえない。街の

若者文化を魅力ある資源と捉え，それを活かした都市経営によって若者の心を
つかむことこそ，街の魅力を維持していくために必要な方策ではないだろうか。
また，近年注目されてきた訪日外国人旅行者の6割以上は，実は20‐30代の若
者であることから（観光庁 2020），よりグローバルな視点で若者を捉え，将来の
都市・地域経営戦略を考えていくことも必要であろう。

(1)　竹下通りガイドマップ Web サイト．http://www.tour-harajuku.com/history.
　　html（最終閲覧日：2018 年 6 月 26 日）
(2)　秋葉原電気街振興会 Web サイト．http://akiba.or.jp/archives/history08/（最
　　終閲覧日：2018 年 6 月 26 日）
(3)　オリエンタルランド Web サイト．http://www.olc.co.jp/ja/tdr/guest.html（最
　　終閲覧日：2020 年 12 月 20 日）
(4)　川越市 Web サイト．観光統計資料．https://www.city.kawagoe.saitama.jp/
　　welcome/kankobenrijoho/kankotokeishiryo/index.html（最終閲覧日：2020 年 12
　　月 20 日）

▧参考文献
石井研士 2017．『渋谷学』弘文堂．
市川孝一 2014．「街族」を再検証する──「六本木族」「みゆき族」「原宿族」．文芸研
　　究 122：1-18.
牛垣雄矢・木谷隆太郎・内藤　亮 2016．東京都千代田区秋葉原地区における商業集積
　　の特徴と変化──2006 年と 2013 年の現地調査結果を基に．E-journal GEO 11：
　　85-97.
川越市政策財政部 2015．『川越市ひと・まち・しごと創生総合戦略』川越市．
川越市産業観光部 2016．『第二次川越市観光振興計画──小江戸川越再発見プラン』
　　川崎市．
観光庁 2020．訪日外国人の消費動向 2019 年年次報告書．https://www.mlit.go.jp/
　　kankocho/siryou/toukei/content/001345781.pdf（最終閲覧日：2020 年 2 月 21 日）
杉山和明 2003．若者の地理──英語圏人文地理学における「文化論的転回」をめぐる
　　問いから．人文地理 55(1)：26-42.
電通若者研究部 2016．『若者離れ 電通が考える未来のためのコミュニケーション術』
　　エムディエヌコーポレーション．
豊島区 2015．『豊島区国際アート・カルチャー都市構想』
成瀬厚 1993．商品としての街，代官山．人文地理 45(6)：60-75.

古田土紗季 2013. 巨大ターミナル形成による地域の変遷とゆくえ——豊島区池袋駅周辺をめぐる諸相. 早稲田大学文化構想学部.

松澤光雄 1986. 『繁華街を歩く 東京編——繁華街の構造分析と特性研究』総合ユニコム選書.

三上恭子 1997. 「下北沢」という現代の盛り場の創出——若者の街考. 理論地理学ノート 10：33-56.

Baloglu, S. and McCleary, K. W. 1999. A model of destination image formation. *Annals of Tourism Research* 26(4)：868-897.

Crompton, J. L. 1979. An Assessment of the Image of Mexico as a Vacation Destination and the Influence of Geographical Location Upon That Image. *Journal of Travel Research* 17(4)：18-23.

Gunn, C. 1972. *Vacationscape : Designing Tourist Regions*. Austin: Bureau of Business Research, University of Texas.

Hunt, J.D. 1975. Image as a factor in tourism development. *Journal of Travel Research* 13(4)：1-7.

Woolley, H. 2000. Town centre management awareness: an aid to developing young people's citizenship. *Cities* 17(6)：453-459.

3章

若者を集める大都市・東京の魅力
── 地方出身者の視点から ──

キーワード：東京，魅力，進学，人口移動，上京

　大都市・東京は，日本の政治・経済・文化などの中心であるという特性から，様々な地域から人々が集まってくる。特に，地方の若者にとって東京は憧れの都市であり，大学進学や就職を機に上京を選択する地方の若者は後を絶たない。東京に多くの若者が集まれば集まるほど，若者の観光市場規模は大きくなり，また多くの観光・レジャーが発生する。このことが若者の多く集まる地域が成立する要因にもなる。

　若者による観光・レジャーの実態については他章で詳しく扱うとし，本章ではそもそも「なぜ東京に若者が集まるのか？」という問いに焦点を当てる。より具体的には，若者を集める東京の魅力を，地方出身の若者の視点から検討していく。その過程において，若者の東京への人口集中の現状，若者が上京したきっかけ・動機および上京後に経験した娯楽を中心とした余暇活動について分析する。近年における若者の東京への過度な人口流入は，大都市と地方の経済格差を象徴する現象であるため，その是非については慎重に議論する必要があるが，今回は本書のテーマを重視し，東京がもつ若者の吸引力という側面に主に焦点を当てることとする。

　なお，上京とは地方から東京など大都市への移住を意味するが，「移住」と「観光（ツーリズム）」は現在の日常生活圏を離れた人の移動という点において共通し，移動の目的や期間が異なるという見方がある。また，移住と観光（ツーリズム）は相互に影響し合う関係にある（Williams and Hall 2000）。例えば，親族や友人と構成されるコミュニティ内の一部の人の移住が，VFR（友人・親

族訪問を目的とした旅行）を発生させる。あるいは，旅行先の地域に魅了され，そこへの移住を決意する。このように，若者の上京を観光（ツーリズム）との関係から捉えることも可能であり，そのことは若者にとっての東京を検討する上でも意義がある。

1　東京一極集中と若者

　2010 年以降，「東京一極集中」が大きな話題となっている。東京および東京圏に資本や人材が集中する一方で，地方の衰退が進むという，大都市圏と地方の経済・雇用格差問題の要因として取り上げられることが多い。北島 (2015) は東京や東京圏への集中を示す指標として，人口，大学生数，県内総生産，1 人当たり県民所得，東証上場企業数，情報サービス業売上高を紹介しているが，特に人口の東京一極集中に若者の人口移動が大きく関係しているという。

　日本全国の人口は 2017 年 10 月 1 日の時点で約 1 億 2671 万人であるが，そのうちの 10.8% となる約 1304 万人が東京都に，28.8% となる約 3644 万人が東京圏に集中している。東京都では人口密度が非常に高く，少ない可住地面積に対して過剰に人口が集中している。15 - 34 歳の若者の人口は東京都で約 328 万人，東京圏で約 805 万人であり，地域全体の人口に占める割合はそれぞれ 23.9%，22.1% となる。日本全体でみると，若者の人口は約 2563 万人であるため，日本の 12.8% の若者が東京都に，31.4% が東京圏に住んでいる。そして，全国的に人口減少が続く中，東京都では人口増加が続いている。東京都では合計特殊出生率が全国最低レベルで推移しており，子どもを産まない家庭が多いため，年間で死亡者数が出生者数を上回る人口の自然減が生じている。しかし，それを補って余るほどの転入超過（年間で転入者数が転出者数を上回ること）による人口の社会増がある。

　各都道府県の転入者数（2017 年）をみると，東京都の約 30 万人を筆頭に，神奈川県，千葉県，埼玉県への転入者が非常に多く，いずれの地域でも若者の割合が 60% 前後を占めている（図 3 - 1）。さらに，東京都の転入超過数のうちの大部分が 20 代前半を中心とした若者で占められていることがわかる（図 3 - 2）。また，東京都の若者の転入超過数は他の道府県を大きく引き離して高いことから，若者の人口流入は東京都に偏っている。東京都区部へは 20 - 24 歳の転入

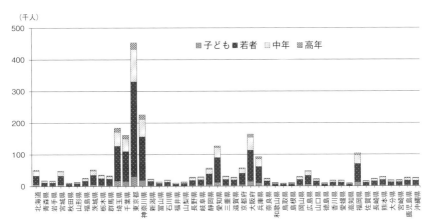

（千人）

図 3 - 1　各都道府県への他地域からの転入者数（2017 年，住民基本台帳人口移動報告より作成）

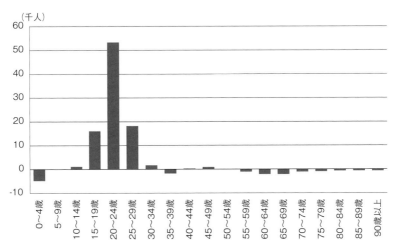

（千人）

図 3 - 2　東京都の年齢階級別の転入超過数（2017 年，住民基本台帳人口移動報告より作成）

超過が大きく，郊外では 15 - 19 歳の転入超過が比較的大きいのだが，これは前者が就職に際して就業地のある区部に移動するのに対し，後者では郊外に立地する学校キャンパスの近くに住む場合が多いためと考えられる（谷 2016）。この東京圏への若者の集中的な人口流入は，少なくとも政府統計の総合窓口（e-

Stat）から年齢階級別の統計データを入手可能な 2010 年以降から確認できる。しかし，東京への人口の一極集中は 1990 年代後半から続いているため，実際にはこの頃から若者の人口流入が始まっていたと考えられる。このように，近年の東京への人口集中の大きな要因は若者の転入によるものであるが，特に大学進学時の地域間移動のインパクトが大きい（北島 2015）。

　学校基本調査より 2017 年の大学生数をみると，日本全国約 290 万人の大学生（大学院生なども含む）のうち，26% となる約 75 万人が東京都に，42% となる約 118 万人が東京圏にある大学のキャンパスに通っている。他の大阪や名古屋の大都市圏と違い，東京圏には日本全国から学生が集まってくる（磯田 2008）。また，東京の大学を卒業し，地元に帰らずそのまま東京に残る若者も多い。就職みらい研究所の『大学生の地域間移動に関するレポート 2018』によると，東京の大学を卒業した人の中で，そのまま東京で就職する人の割合は 7 割を超え，かつ東京就職組の中の約 6 割の若者が，大学進学時に他の道府県から東京都に流入した人々だという。

　東京への若者の人口流入が進んでいるということは，一方で地方から東京への若者の流出が進んでいることを意味している。そのため，地方では若者の人口流出による高齢化とその後の産業衰退などの問題に悩まされている地域が多い。内閣官房まち・ひと・しごと創生本部（2017）によると，東京への転出超過数が多い道府県は，大阪府，兵庫県，愛知県，北海道といった大都市や政令指定都市をもつ道府県であり，若者を中心として様々な年代の人々による転出がみられる。しかし，道府県人口当たりの転出超過数の割合では，青森県，秋田県，新潟県といった東北地方の値が大きく，10 代後半から 20 代前半の若者の東京への転出が顕著である。このまま地方の人口減少と経済縮退による弱体化が進めば，いずれ大都市への若者の人口流入も減少し，大都市でも少子高齢化と経済縮退による弱体化が進むことが懸念されている。

　「まち・ひと・しごと創生総合戦略（2017 改訂版）」では，地方創生のための基本方針の一つに東京一極集中の是正を掲げ，2020 年までに地方と東京圏の間の転出入を均衡させることを達成すべき基本目標の一つとしているが，肝心の若者の東京への人口流入は停滞するどころか加速している。しかし裏を返せば，それだけ東京に若者を惹きつける魅力があるということであり，東京は若者に選ばれ続けているともいえる。

2 若者の上京事情

　では，東京に若者が集まるのはなぜだろうか？　何を求めて東京に移り住むのであろうか？　ここでは若者が東京に移住した理由について，独自の調査結果から検討したい。特に地方や地方都市から上京した学生に焦点を当てる。大学生・短大生は東京へ流入する若者の代表的な属性であるといえる。なぜなら，前節で述べたように，若者の東京への移住理由として，進学というライフイベントの存在が大きいためである。

　高等学校と大学・短期大学への進学率がそれぞれ 95% と 50% を超えていることをふまえると，地方の若者が進学を転機として，高校卒業後に上京してくるパターンは多い。東京は大学の立地件数が大きく，また大規模校が多いため，受け入れ可能な学生の数が多い。また，企業集積の大きさから卒業後の就職機会の点において優位である。地元の住み慣れた土地や一緒にいた家族と離れ，費用面でのリスクを負って上京してくるからには，それを超えるだけの利益が東京での学校生活や就職活動から得られると期待しているのであろう。

　また，地域によっては，移住先として東京圏を選択することはほぼ必然的である場合がある。例えば，東北地方出身の若者が主な移動先として東京や仙台を選択するのは，これらが直近の大都市であり，そこから先に足を延ばす理由がないこと，同郷の先輩や同級生に上京する人が多く，移住先で仲の良い友人などが待っている状況がつくられていることから，自然の流れであるという（石黒ほか 2012）。吉川（2001）は，地方の若者の高校卒業後の進路が，個々の選択を超えて一定の流れの方向に収束していく様を発見し，これを「ローカル・トラック」と呼んでいる。

(1) 調査概要

　今回は聞き取り調査と Web アンケート調査を行った。インタビュー調査は，2018 年 5 月 9 日から 5 月 30 日までの期間に，東京都内の大学に通う現役の大学生・大学院生計 11 名に対して行った。インタビュー対象者の大部分は，学部生の頃に上京している。質問内容として，①東京に上京した直接的なきっかけや動機，②上京後の東京に対する印象，③東京での娯楽などの余暇活動の経験，

④卒業後の移住・残留の予定の四つを設定した。

　そして，より全体的な傾向を把握するための Web アンケート調査を，2019年3月に実施した。これは高校卒業後に3大都市圏にある大学・短大・専門学校に通う若者の進学の実態を把握するための調査であり，質問内容は先述のインタビュー調査の結果を基に設計した。回収した1002人分のデータのうち，東京圏の学校に通う若者のデータ数は518であった。それを，進学前後の動きから【地方圏→東京圏】，【東京圏→東京圏】，【大阪圏・名古屋圏→東京圏】に分けると，データ数はそれぞれ92，417，9となる。今回は主に【地方圏→東京圏】のパターンについて分析する。この際，【東京圏→東京圏】のパターンと比較することで，その特徴を明確化する。

　また，人の自由意志での移動の動機は，プル要因とプッシュ要因から捉えることができる。本章の場合，プル要因とは上京先（東京圏）のもつ若者を引き付ける魅力，プッシュ要因とは若者の上京を後押しするような社会経済的な要素を含む要因と定義できる。ここではテーマ設定や紙面の都合上，主にプル要因について議論する。進学のために上京する若者のプル要因として，学校や生活圏の魅力が考えられる。

(2) 進学先の学校選択の理由

　Web アンケート調査で設けた，「現在通っている学校を進学先に決めた理由で特に重視したもの」という質問への回答結果を**図3-3**に示す。これより，【地方圏→東京圏】の若者の回答率で最も高かったのが「興味のある学問分野がある」（39.1％）であった。そして，「施設・設備がよい」「校風やキャンパスの雰囲気がよい」といった現地で感じる魅力要素や，「入試の難易度が自分に合っている」「伝統や知名度がある」といった他校と比較した時の相対的な魅力要素について，回答率が20％を超えて高かった。

　聞き取り調査でも，上京のプル要因として最も多かった回答が，高等教育の学習機会に関するものであった。つまり，自身の興味に合う学問の学習機会を提供している大学が東京圏にあったということであり，多くの大学が集積する東京圏の魅力を反映しているといえる。また，大学院進学時に上京した学生は，東京に「専攻分野の大学院がある」と回答していたことから，地元の大学に専攻分野の大学院が設置されていなかったことや，より質の高い研究環境に移り

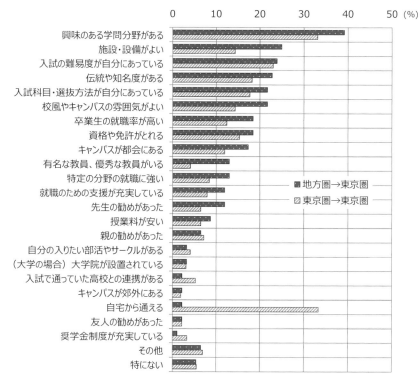

図 3−3　現在通っている大学・短期大学・専門学校に進学先を決めた理由としてとりわけ重視したもの（Web アンケート調査結果より作成）

たいという欲求があったことが推察できる。

　一方，【東京圏→東京圏】の若者の場合，「自宅から通える」の回答率（33.3％）が最も高く，続いて「興味のある学問分野がある」の回答率（33.1％）も同様に高かった。しかし，学校固有の魅力要素に関する質問項目の多くについて，【地方圏→東京圏】の若者の回答率を下回っていた。このことから，地方圏から東京圏にきた若者は，進学前から東京圏に住んでいた若者よりも，学校選択に対して複合的な動機を有する。

(3) 生活圏として東京圏を選んだ理由
　次に，「進学後の生活圏に東京圏を選んだ理由で特に重視したもの」（図 3−4）

の質問に対する回答結果をみてみる。【地方圏→東京圏】の若者の動機として，「交通の利便性がよい」「大都市圏での生活に憧れがあった」「都会の文化にふれられる」「就職先の選択肢が多い」「娯楽施設が充実している」の回答率が20%を超えて高いといえる。特に「交通の利便性がよい」以外の4項目の回答率は，【東京圏→東京圏】の若者の場合と比較して2倍以上にもなることから，地方圏の若者が東京圏に移る際の重要な動機であるといえよう。一方，【東京圏→東京圏】の若者の場合，「交通の利便性がよい」「地元と地理的に近い」「家族の一部や親戚が住んでいる」といった項目への回答率が特に高いことから，【地方圏→東京圏】の若者と比べて利便性重視だといえる。東京圏での生活に慣れ親しみ，都会の生活や文化は身近で当たり前なものとして捉える傾向が強いのであろう。

　さらに，【地方圏→東京圏】の若者の場合，「挑戦したいことができる環境がある」「同じ趣味をもった人々が集まる」「様々なイベントが開催されている」「志の高い人々が集まる」「魅力的な観光スポットがある」「有名人やアイドルに会えるかもしれない」「外国人が集まる」の七つの項目についても，【東京圏→東京圏】の若者と比べて回答率が2倍以上と高い値であった。つまり，娯楽機能の集積，自身の成長を促進させる外部刺激との接触機会，マスメディアが提供する地域情報へのアクセス性の高さといった点が，地方にはない大都市の魅力として認識され，上京後の進学先や生活圏の選択時に強く影響したと考えられる。

　それでは，このような東京圏の魅力的イメージはどのように醸成されていったのであろうか？　若者の上京前における東京圏との接触機会に着目する。Webアンケート調査では，図3-5のように進学前の東京圏への接触経験について回答してもらった。これより，回答した若者のうち71.7%が何らかの接触経験をもっていたことが判明した。特に回答率の高い項目は「東京圏のことをテレビやラジオでよく見聞きしていた」「東京圏に旅行でよく訪れていた」の二つであった。これは聞き取り調査と同様の結果であった。したがって，マスメディアの情報による間接的経験や旅行による短期間での直接的体験が，東京圏への魅力的イメージを増幅させ，進学というライフイベントを契機に，若者を上京へと駆り立てる原因となったと解釈できる。

　上京の動機にはプル要因だけではなく，プッシュ要因も関係している。イン

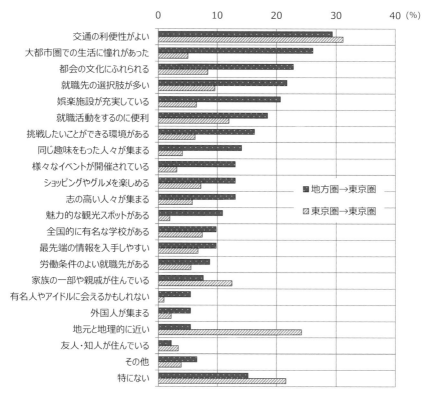

図 3-4 大学・短期大学・専門学校への進学後の生活圏に東京圏を選んだ理由としてとりわけ重視したもの（Web アンケート調査結果より作成）

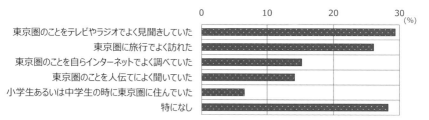

図 3-5 大学・短期大学・専門学校に進学する前の東京圏への接触経験（Web アンケート調査結果より作成）

タビュー調査の結果では,「新しい自分になりたい」といった新しい環境での自己変容,「可能性を求めて」という表現にある趣味・就職面での望ましいキャリア形成の機会獲得などのポジティブな動機から,「(娯楽の選択肢の少ない)地方への嫌気」「(自由になれる)一人暮らしへの興味」のようなネガティブな動機まで,様々なものがあった。

3 上京後に経験した余暇活動

　前節までに東京圏の若者吸引力として,主に高等教育の学習機会,交通の利便性,娯楽機能の集積などがあげられたが,ここでは東京の娯楽機能について掘り下げてみたい。具体的には,聞き取り調査の質問項目にあった②東京に上京した後の東京に対する印象,③東京での娯楽などの余暇活動の経験への回答結果から,大都市に移り住んだ若者の娯楽について考察する。あくまで地方出身者の目線ではあるが,東京を相対化しやすく,東京圏出身者よりも大都市特有の魅力を抽出しやすいと考えた。

　調査の結果,東京に住んでからの印象の変化への回答として,(実際に)「娯楽の選択肢が多い」「地元にないものがたくさん」「テレビで紹介された場所に気軽に行ける」「アイドルのライブや握手会に頻繁に参加できる」といった点を,強調して語るインタビュー対象者が多かった。彼らにとって,娯楽機能の充実した東京は確かに刺激的で魅力のある場所であったという。また,マスメディアで紹介された魅力的な店舗やイベントなどを短時間かつ高頻度に訪れる機会にも恵まれた。このことが,地方圏に住む若者に上京を決意させるだけでなく,東京圏に住む若者の観光消費を促進させる営力ともなっている。このように,メディア・コンテンツ産業の集中する東京では,若者の娯楽を中心とした余暇活動の意思決定にマスメディアの影響がとりわけ強く働きやすい。

　ただし,最近ではPCやスマートフォンといったパーソナルメディアの普及により,SNSなどを介したバーチャルコミュニティで発信・共有される情報も,マスメディアと同等に重要な情報源となっている。若者にとって,インフルエンサーが発信する消費者目線の情報を頼りに,購買や旅行の目的地を決めることは今や珍しいことではない。東京ではマスメディアの力がいまだ衰えることがなく,さらにその上に,パーソナルメディアによる情報の集中が起きている

（有末 2006）。

　東京圏上京後に経験した余暇活動に関する質問に対しては，原宿，お台場，東京ディズニーリゾートといった若者に人気の定番観光地への訪問に加え，音楽イベントへの参加，美術館・博物館めぐり，ウィンドウ・ショッピング，グルメめぐりといった活動の経験があるとの回答があった。主な同行者について尋ねたところ，定番の観光地には地方から遊びにきた家族や友人の東京案内を兼ねて訪れるが，その他の趣味要素の強い娯楽のための外出は，一人あるいは上京後に知り合った共通の趣味をもつ友人とだけ実施すると答えた人が多かった。これより，大都市における若者の観光・レジャーに関して，いくらかの興味深い示唆を得られる。

　まず，前者の地方に住む家族・友人との定番観光地への案内に関しては，インタビュー対象者の東京圏への移住が，地元の家族や友人の意思決定に影響し，東京への VFR および都内での都市観光を促したと解釈できる。つまり，地方の若者が上京したことを機に，地方コミュニティ間の人間関係を通じて，一方が他方を訪問する旅行が発生する。これは，移住による観光行動の誘発効果とみなせるだろう。交通や ICT の発達した現代の日本では，上京後でも地方のコミュニティとのネットワークが維持されやすく，また，それを媒介とした VFR のような旅行が発生しやすくなったのではないかと考えられる。

　次に，後者の趣味要素の強い娯楽のための外出に関しては，地元の友人や家族からの共感が得られないと感じるため，自分と同じ趣味をもった友人とだけ楽しみたいという意見があった。若年人口の多い東京圏では，共通の趣味をもつ人と出会える可能性が高い。実際，石黒ほか（2012）が東北地方出身の若者の上京事情を調査したところ，地方の若者は上京後に趣味ネットワークを拡大させる傾向にあったという。また，インターネットやソーシャルメディアの発達した現代では，学校の部活やサークルへの参加だけでなく，オンライン空間にまでネットワーク形成の手段が広がっている。現代の上京した若者は，地元の友人関係を良好に保ちつつ，学校内のコミュニティに縛られない様々なつながりを構築し，目的に応じてコミュニティを棲み分け，自身の余暇活動を最大限に楽しんでいる。実際には，若者の中でも個人差はあるだろう。しかし，上京後に形成した趣味ネットワークが若者の生活にどう影響し，どのような余暇活動へと結びつくのか，大都市における現代の若者や若者文化の性質を追究する

上で重要な視点となるのではないだろうか。

4　若者にとっての東京

　本章では，若者を集める東京の魅力を，地方出身の若者の視点から検討した。地方の若者が東京へ集まる要因には，進学や就職といった進路選択において将来的に享受する利益への期待や，東京という大都市への強い憧れがある。大学進学や就職は己の人生を左右する分岐点であることから，地方の若者は高度な人的資本としての資質獲得や，自身のキャリア形成の可能性を高めることを目的に，東京での高等教育を希望するのであり，それは長期的にみれば移住に伴うコストよりも大きな利益となる。また，メディアを通してみる東京の魅力的な場所や活動への強い憧れが，人によっては上京を決意するきっかけとなる。これらは地元での就職難や娯楽サービスを享受する機会の少なさといった，地方居住における将来的な不安や現状の不満の裏返しでもある。

　よりマクロな視点からみれば，東京における大学，企業，メディア，娯楽サービスなどの集積が多くの若者を惹きつけ，上京後の彼らの生産・消費活動が新たな資本や文化を蓄積し，またさらに多くの若者を集めるという循環が生じている。また，大都市特有の選択的人間関係がもたらす多様な同類集団の併存が，様々な若者の娯楽を受容する基盤として機能しており，そこで発生する新たな余暇需要を背景とした生産・消費活動によって，若者に支持される文化や産業の発展が促されている。

　しかし一方で，東京への若者の人口流入は東京一極集中を加速化させ，結果として大都市と地方の格差を拡大させる要因にもなっている。また，若者の人口流入の多い東京であっても，出生数の減少や少子化による生産年齢人口の減少の影響によって高齢化は進展しており，将来的には社会保障制度の破綻などの問題が懸念されている。高齢化する社会において，その社会システムを維持するために若者への税負担などが大きくなれば，若者の可処分所得の減少と連動して観光需要も減退し，「若者の旅行離れ」を加速化させるおそれがある。

　このように若者の東京一極集中は，大都市と地方との間に生じる構造的な問題として捉える必要があり，それは将来における若者の観光市場の持続性を考える上でも重要である。若者の観光市場を長期にわたって維持するためには，若

者にとって魅力的な商品やサービスを開発するだけでなく，人口・雇用・休暇など様々な側面から課題を検討し，対策を考えていく必要がある。

　本章では移住と観光（ツーリズム）との関係まで深く追究することはできなかったが，若者の上京と観光（ツーリズム）の関係は学術的テーマとして扱うだけの潜在性があると考えている。上京の意思決定に過去の東京圏への旅行経験が強く影響する場合があるだろうし，上京後に友人・親族とのネットワークを介したVFRが誘発されることを確認した。こうした上京前後の各種の観光（ツーリズム）の特徴や波及効果あるいは市場規模などを深く検討することで，移住と観光（ツーリズム）の関係に関する学術的テーマの深化への貢献が期待できる。

(1)　VFRとはVisiting Friends and Relativesの略である。
(2)　総務省の「人口推計」による。国勢調査や他の人口関連資料から，毎月1日現在の男女別，年齢階級別の人口を推計している。また，毎年10月1日現在の全国年齢各歳別結果および都道府県別結果も推計している。
(3)　総務省の「統計でみる都道府県・市区町村のすがた（社会・人口統計体系）」の社会生活統計指標によると，都道府県別の可住地面積1k㎡当たり人口は，全国平均が1033人/k㎡であるのに対して，東京都は9655人/k㎡と極端に高い値となっている。
(4)　合計特殊出生率とは，15‒49歳までの女性の年齢別出生率を合計したものである。2017年の全国平均は1.51，東京都の値は全国最低の1.21である。注(3)と同様，社会生活統計指標を参照した。
(5)　日本国内における地域間（都道府県間または市区町村間）の人口移動は，総務省の「住民基本台帳人口移動報告」で把握できる。転入者数とは自地域内に他地域から住所を移した人の数であり，転出者数とは自地域を超えて他地域へ住所を移した人の数である。また，転入超過数とは転入者数から転出者数を差し引いたものである。

■■参考文献
有末賢 2006．都市空間の匿名性と若者の社会関係．日本都市社会学会年報 24：42-55．
石黒格・杉浦裕晃・山口恵子・李永俊 2012．『「東京」に出る若者たち——仕事・社会関係・地域間格差』ミネルヴァ書房．

磯田則彦 2008. 高等教育機関への進学移動と東京大都市圏への人口集中. 福岡大學人文論叢 41(3):1029-1052.

北島顕正 2015. 東京圏への人口一極集中と人口減少対策. 調査と情報 886:1-12.

谷謙二 2016. 大都市圏郊外における居住と就業. 多摩ニュータウン研究 18:24-30.

吉川徹 2001. 『学歴社会のローカル・トラック――地方からの大学進学』世界思想社.

Williams, A. M. and Hall, C. M. 2000. Tourism and migration: New relationships between production and consumption. *Tourism Geographies* 2(1): 5-27.

4章

若者による観光・レジャーの行動空間
──人流ビッグデータからみる若者──

キーワード：日帰り観光・レジャー，行動空間，生活時間，人流ビッグデータ

　東京大都市圏は世界有数の人口集中域であり，かつ国内他地域から若者の流入が多い。そのため，圏域内の若者の人口規模も大きく，彼らの余暇需要の大きさに比例した観光・レジャー市場が形成されている。しかし，よりミクロな地域スケールでとらえた場合，具体的に若者はいつどこで観光・レジャーを行っているのであろうか？　東京には原宿や渋谷のように，「若者の街」として知られ，多くの若者にとって観光・レジャー目的地としての重要度が相対的に高い地域が存在する。こうした地域は当然ながら若者を多く集客し，彼らの消費や交流の場として機能している。しかし，実際に東京大都市圏内において若者が観光・レジャー目的でどこにどれくらい訪問する傾向にあるのか，という疑問に明確に回答するには，データに基づいた分析を行う必要がある。

　ところで，個人の生活行動[1]が展開される空間的な範囲を示すものとして，「行動空間」という概念がある。人々は日常生活において何らかの活動をするために移動や滞留を繰り返すが，これらを包括したものが行動空間である。個々人の行動空間は，地図上に過去の移動軌跡や滞留箇所の分布を描くことで具体的に観測することが可能であり，地理空間との対応関係を分析することもできる。さらに，大勢のデータを集計して分析することで，多くの人々に共通するパターンを抽出することができる。

　地理学における観光・レジャーの行動研究では，個々人や集団の行動パターンに着目しながらも，余暇活動が展開される空間の特徴が重要な関心事であることから，観光・レジャー行為者の訪問先選択の傾向とその要因解明が主要な

研究テーマとなってきた（落合 1999）。また，生活時間に着目し，余暇活動を含む様々な生活行動が1日の中でどのように時間配分されるのかを追究するものもある。人々の生活行動の基本構造を明らかにすることは，都市・地域計画，商業・娯楽施設の立地，労働・余暇政策といった場面において有用である。本章では，こうしたアプローチに基づき，東京大都市圏における若者の日帰り観光・レジャーの訪問先や生活時間における行動選択にみられる特性を，人流ビッグデータを使った分析によって明らかにする。

1 若者の日帰り観光・レジャー

　世界最大の人口を有する東京大都市圏は，巨大な観光市場でもある。その中でも，日帰りでの観光・レジャーは，若者に限らず潜在的な顧客が多く居住する都市部で活発であり（落合 1999），居住地と消費空間が近接している。そのため，都市住民にとって，時間的・金銭的コストの大きい国内宿泊旅行や海外旅行と比べて，日帰りや短時間の観光・レジャーは実施しやすく，自ずとその市場規模は大きくなる。観光庁の年間観光入込客統計によると，2011年以降，東京都，神奈川県，千葉県，埼玉県，茨城県を訪れた観光者の約95％前後は日帰り客となっており，宿泊客や訪日外国人旅行者は合わせても全体の数％程度である。つまり，東京大都市圏における観光行動の中心は当該圏域に居住する人々であり，若者もその例外ではないと推察される。

　さて，本書での日帰り観光・レジャーの定義について説明する。観光庁の実施している旅行・観光消費動向調査では，日帰り観光旅行を「日常生活圏を離れ，片道の移動距離が80km以上で，所要時間（移動時間と滞在時間の合計）が8時間以上の旅行であり，通勤や通学，転居のための片道移動は除く」と定義している（観光庁 2017）。しかし，この定義は本研究のように東京大都市圏での観光・レジャーを扱う際に適切とはいえない。なぜなら，現代の発達した交通網を利用すれば，都市圏での日帰り旅行，特に都心部を目的地とした旅行は，所要時間に8時間以上かけずとも，より短時間で実行できる。また，落合（1991）では，都市住民の余暇活動を「平日型」「週末型」「期末型」に区分し，後者になるほど非恒常的で，目的地への到達時間が長くなるとしているが，若者を対象とする場合，自由時間の多い大学生の行動は，必ずしも三つの区分には当て

はまらない。より柔軟な定義として，澁谷（2016）は「6 時間以上の非日常的な余暇時間の外出」を日帰り観光とみなすことを提唱している。さらに，彼は吉田ほか（2008）の研究を参考に，「6 時間未満の非日常的な余暇時間の外出」を短時間観光，それら以外の「外出時間に関係なく月 1 回以上の日常的な余暇時間の外出」を日常的余暇としている。ここでは，都市部での観光・レジャーの定義を緻密に検討した吉田ほか（2008）や澁谷（2016）を参考にしながら，外出時間の長短にかかわらず日帰りと判別できる観光・レジャーの行動を，日帰り観光・レジャーとして分析する。

2　人流ビッグデータの活用

観光者の移動や滞留あるいは外出時間や訪問先といった行動の時間的・空間的特性を把握するための調査には，主に質問紙（活動日誌），GPS ロガー，人流ビッグデータが利用される。質問票（活動日誌）は 1 日から数日における単位時間当たりの滞在場所や活動内容を，GPS ロガーは個人の詳細な位置情報を記録するためのものであり，質問票への記述や GPS ロガーの携帯を調査対象者に依頼する必要がある。一方で，人流ビッグデータに関しては，多くの場合，公的機関や民間企業から有償あるいは無償で提供されているデータを利用する。広く知られたものとしては，モバイル空間統計があり，全国の 365 日 1 時間ごとの流動人口を知ることができる。無償のデータとしては，パーソントリップ調査を基にした人の流れデータが東京大学空間情報科学研究センターによって提供されている。

「人の流れデータ」とは，全国の都市圏で実施されたパーソントリップ調査の[2]個票を基に，個人の 1 分おきの現在位置の地理座標を推定したものである。属性情報として，ID，年齢，性別，職業・学生種別，トリップ目的，交通手段な[3]どが含まれている。今回は東京大都市圏の 2008 年 10 月 1 日のデータを分析対象とする。トリップ目的に「観光・行楽・レジャーへ（日常生活圏外）」が含まれているため，ある時点で観光・レジャーをしていたか否かを判別することができる。全データは約 56 万人分の移動軌跡情報が格納されており，総レコード数（全地点データ数）は約 8 億にもなる。ここから「日帰り」かつ「15 歳以上 35 歳未満」かつ「観光・レジャー目的の移動が含まれる」の条件に当てはま

る 1075 人分のデータを抽出し，分析の対象とした。

3 訪問先にみる特性

　まず，若者の日帰り観光・レジャーにおける訪問先をみるため，小地域ゾーンごとの訪問者数を算出し，その分布を地図上に可視化させた（**図 4-1**）。それを，職業・学生種別にみていくことで，どのような若者がどこで観光・レジャー目的で訪問する傾向にあるのかを確認する。

　若者全体（15-34 歳）の訪問先で特に人気のゾーンは，浦安市，文京区（後楽・春日エリア），渋谷区（渋谷・原宿エリア），横浜市西区（みなとみらいエリア），立川市（泉町・高松町エリア），港区（六本木・芝公園エリア），新宿区（歌舞伎町・大久保エリア），台東区（上野・谷中エリア），藤沢市（藤沢・江の島エリア）である。第 1 位の浦安市は訪問者数が 129 人と群を抜いて多いが，ここには集客力の極めて高い観光・レジャー施設である東京ディズニーリゾートが立地している。第 2 位である文京区（後楽・春日エリア），渋谷区（渋谷・原宿エリア），横浜市西区（みなとみらいエリア）への訪問者数は 21 人である。文京区（後楽・春日エリア）には東京ドームや東京ドームシティといった競技場や観光・レジャー施設が立地している。横浜市西区（みなとみらいエリア）には，みなとみらい 21 という若者のデートスポットとなる観光・商業施設が集積する都市型観光地がある。渋谷区（渋谷・原宿エリア）には，若者の集まることで知られる繁華街や商業施設がある。立川市（泉町・高松町エリア）には昭和記念公園といった鑑賞型観光資源が，港区（六本木・芝公園エリア）や新宿区（歌舞伎町・大久保エリア）には渋谷区（渋谷・原宿エリア）と同様に若者の訪れる繁華街や商業施設が，台東区（上野・谷中エリア）には文化施設や動物園の集積する上野公園や観光色の強い商店街であるアメヤ横丁がそれぞれ立地している。そして，藤沢市（藤沢・江の島エリア）にある江の島は，若者の友人や家族連れのグループでの日帰り旅行によく利用される（中岡 2012）。

　次に，昼夜別に分けてみたところ（夜間での観光・レジャー活動が比較的活発な，大学生・短大生と労働者（20-34 歳）を合わせたデータを使用），昼と夜とでの観光・レジャー訪問先の共通点として，浦安市に滞留していた若者の数が 13 時と 21 時のどちらの時点でも多いことがわかった。浦安市内の東京ディ

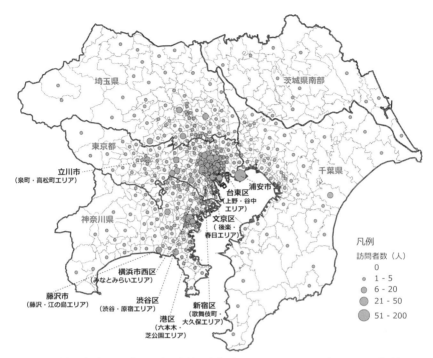

凡例
訪問者数（人）
- 0
- 1 – 5
- 6 – 20
- 21 – 50
- 51 – 200

埼玉県

茨城県南部

東京都

立川市
（泉町・高松町エリア）

台東区
（上野・谷中エリア）

浦安市

千葉県

文京区
（後楽・春日エリア）

神奈川県

横浜市西区
（みなとみらいエリア）

藤沢市
（藤沢・江の島エリア）

渋谷区
（渋谷・原宿エリア）

港区
（六本木・芝公園エリア）

新宿区
（歌舞伎町・大久保エリア）

図4-1　若者の観光・レジャー訪問者数の分布（人の流れデータの分析結果より作成）

ズニーリゾートでは朝・昼と夜とで異なる価格のチケットが販売されていること，閉園時間が22時であること，夜間にもパレードなどのイベントが開催されていることから，若者にとって様々な時間帯での訪問や長時間の滞留が可能である。そして，昼夜で異なる点としては，昼間は商業施設や屋外での活動が主体となる名の知られた観光資源が立地するゾーンに若者が多く訪れているが，夜間だと「若者の街」として知られる渋谷区（渋谷・原宿エリア）が上位にある他，競技場の立地している所沢市（山口・小手指エリア），さいたま市緑区（美園エリア），文京区（後楽・春日エリア）のゾーンの訪問者数も比較的多い。つまり，夜間の場合は東京都心の繁華街のあるゾーンや都心周辺の競技場のあるゾーンに，若者の訪問が集中する傾向にあった。

　さらに性別でみたところ，夜間の場合，競技場のあるゾーンを男性が，東京都心の繁華街のあるゾーンを女性が訪問しやすいことがわかった。男女の嗜好

性の違いが訪問先の違いとなって表れたと考えられる。補足資料として，公益財団法人日本交通公社（2014）の「JTBF旅行需要調査」をみると，「性・年代別行ってみたい旅行タイプ」の回答結果（複数回答）において，20代男性だけにスポーツ観戦（9位）が上位に出現している。また，女性の回答をみると20代だけにショッピング（4位）と都市観光（5位）が上位に出現している。若い男女の嗜好性の違いが，日帰り観光・レジャーにおいても行動の空間パターンの差異として現れていることを確認できた。

4 生活時間における行動選択にみる特性

　次に，より詳細な行動把握のため，若者の日帰り観光・レジャーを生活時間における行動選択の側面から分析する。今回は，日帰り観光・レジャー訪問者数における上位四つの代表的ゾーンに焦点を当て，それぞれを訪れた若者の行動を分析する。**表4-1**に各ゾーンの訪問者の属性や滞留時間および到着・出発の時間帯をまとめ，**図4-2**に各ゾーンを観光・レジャー目的で訪れた若者の1日の行動選択の典型例をまとめる。

　浦安市は，女性の訪問者の割合が非常に大きく，かつ平均滞留時間が8.95時間と長いことが特徴的である。午前中に訪れて夕方や夜間に他に立ち寄らずに帰宅するパターンが非常に多い（129人中88人）。**図4-2（a）**がその典型であり，朝早くに家を出て9時半には現地に到着し，そこから21時まで観光・レジャーをし，その後はどこにも立ち寄らずに帰宅している。他方で，**図4-2（b）**のように午前中と昼過ぎまでは学校での受講・勉強といった私用を済ませ，夕方から浦安市に訪れる若者もいた。このような行動パターンが発生した要因は，先述したように，浦安市の東京ディズニーリゾートにて，夜間の特別なサービスが提供されているためであろう。

　渋谷区（渋谷・原宿エリア）でも，女性の訪問割合が比較的大きいが，平均滞留時間が3.35時間と浦安市と比較して短い。また，午後から訪れる人の方が多い。平日のデータというバイアスもあろうが，渋谷のように都心の交通拠点は，他の私用の後に立ち寄って観光・レジャーを実施することが容易である。例えば**図4-2（c）**をみると，朝から診察，食事・社交・娯楽，買物を別のゾーンで済ませ，16時前から渋谷区（渋谷・原宿エリア）にて観光・レジャーをし，

表4-1 代表的ゾーンを訪れた若者の特性（人の流れデータの分析結果より作成）

ゾーン名と来訪者数	性別	職業	滞留時間	到着時間帯	出発時間帯
千葉県浦安市（東京ディズニーリゾート）計129人	男性 27 人女性 102 人	学生 28 人労働者 69 人主婦・主夫 25 人無職・不明 7 人	平均 8.95 時間（標準偏差 4.15）	午前着 102 人午後着 31 人	午前発 3 人午後発 130 人
東京都渋谷区（渋谷・原宿エリア）計21人	男性 6 人女性 15 人	学生 5 人労働者 12 人主婦・主夫 0 人無職・不明 4 人	平均 3.35 時間（標準偏差 2.01）	午前着 5 人午後着 20 人	午前発 3 人午後発 22 人
神奈川県横浜市西区（みなとみらいエリア）計21人	男性 5 人女性 16 人	学生 3 人労働者 10 人主婦・主夫 8 人無職・不明 0 人	平均 3.55 時間（標準偏差 2.45）	午前着 13 人午後着 13 人	午前発 1 人午後発 25 人
東京都文京区（後楽・春日エリア）計21人	男性 9 人女性 12 人	学生 8 人労働者 10 人主婦・主夫 1 人無職・不明 2 人	平均 2.41 時間（標準偏差 2.25）	午前着 3 人午後着 23 人	午前発 1 人午後発 25 人

夕方過ぎには帰宅している。また，渋谷区（渋谷・原宿エリア）は通勤・通学など日常生活での活動との接点も強く，**図4-2 (d)** のように昼前から夕方にかけて仕事（アルバイト）と学校にて受講・勉強した後に，ナイトライフとしての観光・レジャーを楽しむといったパターンも多い。

　横浜市西区（みなとみらいエリア）の場合，女性の訪問割合が比較的大きく，平均滞留時間が3.55時間と渋谷区（渋谷・原宿エリア）と同程度であるが，午前着・午後発と午後着・午後発が半数ずつであった。午前着・午後発の例として**図4-2 (e)** をみると，10:30頃到着して観光・レジャーを行った後，14時から16時の間には帰宅している。また，同じ商業集積地である渋谷区（渋谷・原宿エリア）と比べて，**図4-2 (f)** のように観光・レジャー目的での単一ゾーン訪問のパターンが多いが，浦安市の場合のように長時間の滞留は多くない。

　最後に，文京区（後楽・春日エリア）は，平均滞留時間が2.41時間と四つのゾーンの中で最も短い。また，男性の訪問割合が大きい点も特徴的である。そして，渋谷区（渋谷・原宿エリア）と同等に午後着・午後発が非常に多い。こ

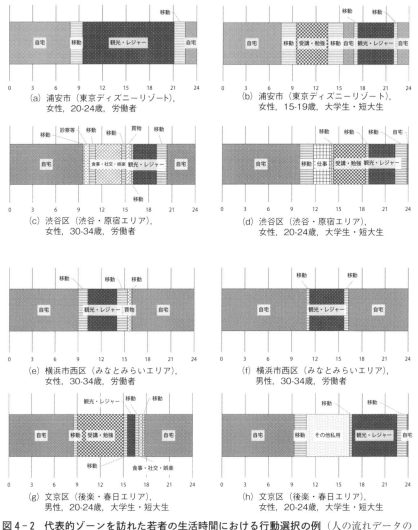

図4-2　代表的ゾーンを訪れた若者の生活時間における行動選択の例（人の流れデータの分析結果より作成）

れらは，**図4-2 (g)** のように学校での受講・勉強の後で，ほんの小一時間程度立ち寄るパターンもあれば，**図4-2 (h)** のように私用を済ませて夕方から夜中まで6時間近く観光・レジャーに興じるパターンもある。

5　若者の観光・レジャーの行動空間

本章では，人流ビッグデータを使用し，東京大都市圏における若者の日帰り観光・レジャーの行動特性を検討した。訪問先の分析では，若者にとって浦安市が最も人気のある訪問先であること，昼夜別や男女別によって訪問先選択の傾向が異なることが判明した。それは，各ゾーン内にある観光スポットや商業施設などの魅力，営業時間，立地といった空間的要素に加え，若者のもつ嗜好性の属性差といった人的要素の複合による影響で生じたものと考えられる。

そして，生活時間における行動選択の分析では，訪問先のゾーンによって若者の観光・レジャーにおける滞留時間や到着・出発する時間帯が異なる傾向にあった。浦安市では多くの若者が1日の生活時間の大半をそこでの観光・レジャーに費やし，かつ自宅とゾーン間の単純往復が主要であるのに対し，他の三つのゾーンを訪問した若者は多目的での外出が比較的多く，仕事や学校など私用の後，夕方から夜にかけて観光・レジャーを目的として，それらを訪問するパターンが特徴的であった。このように，大都市圏の若者の日帰り観光・レジャーは，生活時間における行動選択の側面からみると，特徴的なパターンが存在する。そして，それは訪問先の観光・レジャーの地域受容基盤としての特性を反映している。

本章では，空間軸と時間軸を分けて若者の日帰り観光・レジャーをみてきたが，両軸を統合することで，彼らの行動をよりダイナミックに表現することができる。それが本書**口絵9**（*iv*頁）に示す時空間パスである。このように時空間座標上に活動軌跡を可視化することで，複雑な人々の動きを視覚的に直感的に理解することができる。**口絵9上**をみると，朝の早い時間に東京大都市圏の様々な居住地から人々が浦安市へ向かい，そこで長時間滞留した後，夜中に居住地へ帰宅のために一斉に拡散したことがわかる。一方，**口絵9下**の場合，朝から夕方までの時間帯は個々人によって活動内容は様々であるが，夕方以降は多くの若者が渋谷区（渋谷・原宿エリア）を観光・レジャー目的で訪れ，数時

間滞留してから夜中に帰宅したことがわかる。

このような立体表現の他，アニメーション表現など，コンピュータを活用した人流分析の技術は進化している。また，昨今では民間企業によって，高精細かつ長期的な人々の動きを把握することのできるビッグデータが提供されている。それらを活用すれば，1日のみならず，平日や休日の違いや季節の違いを検討し，本章で得られた知見のさらなる精緻化と一般化が可能になるだろう。

その他，今回扱わなかった，若者の属性による行動選択の違い，居住地が行動にもたらす影響などを追究することで，大都市圏における若者の日帰り観光・レジャーの知見をさらに深化することができる。

(1) 総務省が実施している「社会生活基本調査」では，生活行動を大きく1次活動，2次活動，3次活動の三つに分けている。1次活動には，睡眠や食事など生理的に必要な活動が含まれる。2次活動は，仕事や家事など社会生活を営む上で義務的な性格の強い活動である。3次活動は，上記以外で各人が自由に使える時間においての活動である。3次活動は余暇活動のことであり，休養，気晴らし，自己啓発に関わる様々な活動（趣味・娯楽，観光旅行，ボランティア活動，スポーツなど）が含まれる。

(2) 「パーソントリップ調査」とは，ある特定の調査対象地域内での人の動きを調べる調査である。東京大都市圏でのパーソントリップ調査の実施主体は，東京都市圏交通計画協議会であり，1968年に実施された第1回の調査から10年ごとに継続調査が行われている。本研究で使用した人の流れデータは，第5回パーソントリップ調査の結果が基になっている。なお，このデータは東京大学CSIS共同研究（No.675）の規約に基づき利用した。

(3) 「トリップ」とは，人がある目的である地点からある地点へ移動する単位である。目的トリップと手段トリップとがあり，前者が目的達成までの移動を単位とするのに対し，後者は交通手段による移動を単位とする。例えば，居住地から徒歩→バス→電車→徒歩の順番で観光スポットに到達した場合，目的トリップは一つだが，手段トリップは四つとなる。

■参考文献

落合康浩 1991．神奈川県中西部における余暇活動の空間的展開．経済地理学年報 37（3）：245-265.

落合康浩 1999．首都圏に居住する大学生の非日常的な外出型レジャー行動の空間パターン．日本大学文理学部自然科学研究所研究紀要 34：61-72.

観光庁 2017. 旅行・観光産業の経済効果に関する調査研究（2015 年度版）. http://www.mlit.go.jp/common/001190278.pdf（最終閲覧日：2017 年 8 月 5 日）

公益財団法人日本交通公社 2014. 日本人の生活と旅行に関する意識.『旅行年報 2014』48-55. https://www.jtb.or.jp/wp-content/uploads/2014/10/nenpo2014p48-58.pdf（最終閲覧日：2017 年 8 月 5 日）

澁谷和樹 2016. 外出時間にみた大都市圏郊外住民の余暇活動の空間構造——町田駅周辺住民を対象に. 地理空間 9(2)：171-188.

中岡裕章 2012. 江の島における日帰り観光の実態. 地理誌叢 53：20-30.

吉田樹・杉町大輔・太田悠悟・秋山哲男 2008. 都市地域の短時間観光行動の実態とその調査手法構築に向けた基礎的検討. 観光科学研究 1：9-18.

5章

「SNS映え」を超克する若者たち
—— 若者の観光・レジャーと SNS ——

キーワード：SNS，情報，他者評価，ネット社会，地域格差

　観光・レジャーは「事前体験」ができない。観光・レジャーを行う上で，情報の影響力は重大である。とりわけ，SNS のような個人間のネットコミュニティで流通する情報は，個人の観光・レジャー行動を決定づける最大の要素になると期待されてきた（石森・山村 2009）。では若者たちは観光・レジャーを行うとき，どのように SNS を使っているのだろうか？

　観光・レジャーや SNS に限らず，情報通信技術の利用状況には個人差と地域差がある。社会学者のボイド（2015）は SNS を利用するアメリカの 10 代の若者たちへのインタビューから，「デジタルネイティブ」と呼ばれる若者のすべてがネット利用に習熟しているわけではないことを指摘した。そして地理学者のグラハムらによって，ネット上において都市部の情報は非都市部のものよりも多く蓄積されることが知られている（Graham et al. 2013）。これらをふまえると，観光・レジャーにおける若者の SNS 利用は，SNS への習熟度の個人差と，情報が豊富に蓄積される都市部とそうでない非都市部との地域差によって多様だと考えられる。

　そこで本章では東京大都市圏に居住する若者が，観光・レジャー情報の収集と発信においてどのように SNS を使用しているのかを，SNS への習熟度と都市部と非都市部での情報環境の地域差に着目して明らかにする。ここでは SNS とは Twitter と Instagram とし，そのフォロワー数を SNS への習熟度とする。都市部と非都市部の区別は便宜的に，非都市部を「農山漁村や自然地」，それ以外を都市部とし，その判断は調査対象者自身の認識に委ねた。

1 観光・レジャーにおける若者の SNS 利用

　筆者は Web アンケート調査を 2018 年 1 月に行い，東京都，神奈川県，埼玉県，千葉県，茨城県に居住する 15 歳から 34 歳の 1115 名から回答を得た。アンケートでは観光・レジャーにおける SNS の利用状況に加えて，年齢や職業や年収などの基本属性も調査した。調査対象者 1115 名のうち，SNS 利用者は79.7%（889 人）である。

　普段の SNS 利用の目的を見ると（**表 5-1**），フォロワーが多いほど，閲覧だけでなく発信も目的にしている。特に「フォロワー 1000 人以上」は類型間で唯一，発信目的の方が高い。よく利用される目的は「趣味や娯楽の情報収集」であり，「フォロワー 0 人」以外の各類型で 6-8 割程度である。観光・レジャー関連の情報収集はここに含まれよう。友人知人との関わりは，学校や職場やプライベートの友人知人を増やしコミュニケーションをする傾向が見られ，一方ネットの友人知人を増やしたり，彼ら彼女らとのコミュニケーションに SNS を用いる傾向は比較的弱い。ただしフォロワー 100 人以上の者は，ネットの友人知人とのコミュニケーションや友人増にも SNS を積極利用している。つまり

表 5-1　普段 SNS をどのような目的で利用しているか（Web アンケート調査結果より作成）

	SNS 利用者 全体 N=889	フォロワー数別			
		0 人 N=141	1-99 人 N=398	100-999 人 N=301	1000 人以上 N=49
全体として					
閲覧が中心	54.8	63.8	64.1	42.5	28.6
発信が中心	26.5	10.6	19.8	39.2	49.0
コミュニケーション					
学校や職場の友人知人と	51.6	46.1	47.7	58.8	55.1
ネットの友人知人と	36.2	16.3	30.9	47.5	67.3
友人知人を増やす					
プライベートの友人知人を	25.2	18.4	20.1	31.6	46.9
ネットの友人知人を	23.8	10.6	17.6	33.6	53.1
その他					
ライフログ	46.6	19.9	45.0	57.5	69.4
趣味や娯楽の情報収集	75.5	51.8	79.6	80.7	77.6

＊単位は%。ここで示す数値は，Web アンケートで「非常に当てはまる」「どちらかというと当てはまる」「どちらとも言えない」「どちらかというと当てはまらない」「全く当てはまらない」のうち，前者 2 項目を選択したものの割合である。そのため各項目の合計は 100.0%にならない。

表 5-2 観光・レジャー情報の収集時にどの SNS アカウントを参考にするか（Web アンケート調査結果より作成）

(a) 都市部での観光・レジャー

	SNS 利用者 全体 N=889	フォロワー数別			
		0 人 N=141	1-99 人 N=398	100-999 人 N=301	1000 人以上 N=49
自治体	25.9	24.1	24.9	28.6	22.4
観光協会	23.6	23.4	22.9	25.2	20.4
企業や店舗	41.7	35.5	40.7	46.8	36.7
マスコミや芸能人	23.4	14.9	20.6	29.6	32.7
現実の友人知人	39.1	26.2	35.9	49.8	36.7
ネットの友人知人	28.6	17.7	22.9	38.9	42.9

(b) 非都市部での観光・レジャー

	SNS 利用者 全体 N=889	フォロワー数別			
		0 人 N=141	1-99 人 N=398	100-999 人 N=301	1000 人以上 N=49
自治体	27.6	27.7	27.6	27.9	24.5
観光協会	26.5	27.7	26.6	26.9	20.4
企業や店舗	38.6	33.3	36.4	44.2	36.7
マスコミや芸能人	20.6	13.5	20.9	23.9	18.4
現実の友人知人	34.6	23.4	31.2	43.5	40.8
ネットの友人知人	22.7	8.5	18.8	32.6	34.7

＊単位は％。ここで示す数値は，Web アンケートで「非常に当てはまる」「どちらかというと当てはまる」「どちらとも言えない」「どちらかというと当てはまらない」「全く当てはまらない」のうち，前者 2 項目を選択したものの割合である。そのため各項目の合計は 100.0％にならない。

フォロワーの多い者はネット上の社会関係も SNS 上で構築し発展させている。

続いて，観光・レジャー情報の収集時にはどのような SNS アカウントを参考にするのかを**表 5-2** から分析する。

まずどの類型でも，都市部でも非都市部でも参考にされにくいのが，「自治体」「観光協会」である。一方，最も参考にされやすいのは「企業や店舗」で，特に都市部では「フォロワー 100-999」まではフォロワーが増えるほど参考にされている。それに次ぐのが「現実の友人知人」で，「フォロワー 1000-」を除くとどの類型でも都市部での数値が高く，またフォロワーが多いほど数値が高い。「ネットの友人知人」を見ると，「フォロワー 100-999」と「フォロワー 1000-」の数値のみが高い。つまり SNS は，①都市部での観光・レジャーにおいてより参考にされており，②よく参考にされるアカウントは企業もしくは友人知人のもので，③フォロワーが多い者は特にその傾向が強く，またネット上の社会関係も活用している。

表 5-3　観光・レジャー活動を SNS で発信するか（Web アンケート調査結果より作成）

(a)都市部での観光・レジャー

	SNS 利用者全体 N=889	フォロワー数別			
		0 人 N=141	1-99 人 N=398	100-999 人 N=301	1000 人以上 N=49
発信しない	45.1	75.9	50.3	26.6	28.6
したいときだけ発信	33.2	17.7	37.4	44.5	38.8
帰宅後に発信	15.7	5.7	10.8	25.6	24.5
旅先や道中で発信	9.8	2.8	6.3	15.9	20.4

(b)非都市部での観光・レジャー

	SNS 利用者全体 N=889	フォロワー数別			
		0 人 N=141	1-99 人 N=398	100-999 人 N=301	1000 人以上 N=49
発信しない	50.5	78.7	53.8	35.5	34.7
したいときだけ発信	33.2	17.0	34.2	38.9	36.7
帰宅後に発信	12.1	3.5	8.8	19.9	16.3
旅先や道中で発信	8.7	2.8	5.8	13.6	18.4

＊単位は％。ここで示す数値は，Web アンケートで「非常に当てはまる」「どちらかというと当てはまる」「どちらとも言えない」「どちらかというと当てはまらない」「全く当てはまらない」のうち，前者 2 項目を選択したものの割合である。そのため各項目の合計は 100.0％にならない。

　続いて発信の状況を**表 5-3**から見るが，SNS での観光・レジャー情報の発信は，収集時ほど活発ではない。「発信しない」を選択したのは，SNS 利用者全体のうち都市部では 45.1％，非都市部では 50.5％である。

　しかしフォロワー数別にみると，「発信しない」の数値は，都市部と非都市部のいずれも「フォロワー 0」「フォロワー 1-99」ではそれぞれ 8 割弱，5 割強である一方，「フォロワー 100-999」「フォロワー 1000-」では 3 割前後である。また都市部における「旅先や道中で発信」「帰宅後に発信」の選択率も SNS 利用者全体と比較して高い。つまりフォロワーが多い者が，特に都市部での観光・レジャー活動を比較的活発に発信しているのである。

　最後に，都市部と非都市部とを問わず，観光・レジャーにおける SNS での発信時に重視する事柄を**表 5-4**からみる。「場所の魅力を伝える」「その時の気持ちを伝える」「その場所への来訪者が増える」など，フォロワーの多い者を中心に，観光資源の存在や魅力の発信という面で，他の観光者に影響しうる情報発信をしているといえる。ただし「「炎上」してもいいから過激な内容を発信する」の回答率は「フォロワー 1000-」のみ 20.4％と突出して高い。フォロワーが多いゆえに悪い意味でも自身の「読者」を過度に意識した情報発信を行いや

表 5-4　SNS で観光・レジャー情報を発信する時に何を重視するか（Web アンケート調査結果より作成）

	SNS 利用者全体 N=889	フォロワー数別			
		0 人 N=141	1-99 人 N=398	100-999 人 N=301	1000 人以上 N=49
場所の魅力を伝える	38.6	23.4	38.9	44.2	44.9
その時の気持ちを伝える	44.3	24.8	46.0	49.5	55.1
その場所への来訪者が増える	21.0	21.1	17.3	27.6	36.7
自分の行動のアピール	35.3	17.7	33.4	44.5	44.9
ライフログにする	49.6	25.5	53.0	55.5	55.1
「Like」やフォロワー数が増える	21.8	12.1	15.3	32.2	38.8
「炎上」してもいいから過激な内容を発信する	6.7	5.0	4.5	8.3	20.4
自分のアカウントの個性に合わせる	25.1	9.9	20.9	35.5	38.8
誰もが注目しているものを発信する	20.8	10.6	16.6	27.6	42.9
自分だけが注目しているものを発信する	21.4	12.1	18.3	28.2	30.6

＊単位は％。ここで示す数値は，Web アンケートで「非常に当てはまる」「どちらかというと当てはまる」「どちらとも言えない」「どちらかというと当てはまらない」「全く当てはまらない」のうち，前者 2 項目を選択したものの割合である。そのため各項目の合計は 100.0％にならない。

すい側面があるのかもしれない。

　これらの一方で，「ライフログにする」や，「自分の行動のアピール」の数値も高い。つまり総合的にみると，フォロワーの視線や評価を意識しつつも自分自身のための情報発信も行っているという，他者評価を意識しつつ，多様な目的を並行して達成しようとする，若者の複雑な SNS 利用がうかがわれる。

2　若者による SNS 利用の地域差

　ここまでの分析では，観光・レジャーにおける SNS 利用は特にフォロワー数の多い者を中心に行われ，非都市部より都市部で活発だという量的な地域差が明らかとなった。この地域差の背後には情報環境の地域差があると考えられる。では，それを若者はいかに解釈しながら SNS を利用しているのだろうか？ここではフォロワー数の多い若者，いわゆる「インフルエンサー」への聞き取

り調査によって，都市部と非都市部で情報の収集と発信に関わる要素を検討する。

　インフルエンサーは SNS 上での影響力や好感度が高く，他の消費者の購買行動に大きな影響をもたらすことから，観光・レジャーに限らずマーケティング分野で重要視されつつあるが，その期待に対して実像はほとんど理解されていない。その一因は一般人である彼ら彼女らに接触するにも，その言動の意図を解釈するにも，調査者側に SNS 利用の豊富な知識と経験が求められるからである。今回はインタビュー対象者を少数に絞り込み深く意識を探ることで，特に先鋭的な実像を描き出すことを目標に調査を試みた。聞き取り調査は2018 年 2 月から 4 月にかけて 4 人に対面形式で行った。対象者はいずれも実社会における有名人等ではなく，一般的な会社員，自営業者，学生である。

(1) 観光資源と観光情報の地域差

　さて，ここでの論点は，都市部と非都市部では観光資源と観光情報に量的な地域差があるが，若者はその地域差をどのように認識し対処するのかという点である。例えば A 氏（30 代男性）は，発信時にネット上の情報量に留意する見解を示している。

　　「（自分が SNS で発信するときは，発信内容に）興味ある人に届いてほしい。都市部は情報が飽和している。（自身が発信した情報が閲覧者に選ばれるために）情報に指針がないとだから，リアル性が重要。（ネット上は）情報がとっちらかっている。地方だとそれが反転する。地方はおもしろいものがあるのに，すくい上げられていない。こういうおもしろいのあるよ，みたいな使い方（を自分はしている）」（丸括弧内は筆者による補足。以下同様）

　非都市部ではなく「地方」と表現されているが，都市部か否かでネット上の情報量に差があることを認識している。そして自身のフォロワーの存在を意識しながら，都市部では観光情報の「選別」，非都市部では「発掘」という形で，観光情報発信を意識的に使い分けている。

　さらに，「選別」と「発掘」の使い分けは受信時にも重要視される。

「こっち（東京・都市部）は情報量が多い割に，流れるのがはやい。自分の興味あるものを追うので精一杯。地方に行くときは，東京だと追わないもの（情報）でも，自分の足で追うな」（A氏）

　つまり都市部では「選別」，非都市部では「発掘」という態度差があるのは，都市部と非都市部で情報の「量」だけでなく「更新速度」の差があるので，それに対応するためだと考えられる。
　とりわけ都市部の観光・レジャーについて，ネット上に無数にある情報から価値あるものを選別するのはネット上の情報流通の特性に自覚的な彼らにとって優先的な課題といえよう。情報の選別には次のような見解もある。

「（観光・レジャー情報を探索する際には）自分にしっくりくるものを知るために，信頼できる人の情報にあたる。マス（マスコミの情報）じゃダメ。本は（記載されている情報が）古いしダサい。ブログみたいなやつも書いてる人が検索のことしか考えてないから定番しか情報がなくてダサい」（B氏・20代女性）

「知らない駅でごはん屋さん探すなら「○○○」さん（影響力のあるネットの友人）みたいな，キーパーソンみたいな人を見てる。幅広くは見てない。人柄を知ってるかが大切」（A氏）

「（都内の自分の）家でイベントとかしたときに，違うコミュニティの人がつながるのがおもしろい。地方はfacebook文化というか，実名文化。（非実名文化の自分たちとは）ちょっと違う」（C氏・20代男性）

　B氏の「ダサい」の発言の意味は，ネット上のブログメディアは，記事のページビューで得られる広告収入を増やすために，検索サイトで上位に掲載されやすい定番情報ばかり掲載されており陳腐だという意味である。彼女らにとってネット上の情報は玉石混淆である。
　そこで「選別」の有力軸として採用されているのが，「人柄を知っている人」「信頼できる人」を生み出す社会関係である。つまりSNSの利用で社会関係を

拡充したことが情報の選別に役立つのである。しかも社会関係はネット上だけ
で完結せず，Ｃ氏のようにキーパーソンをネット上から抽出するには，逆説的
に対面接触が最適な方法の一つと考えられる例もある。

(2)「見られ方」の地域差

　これまでの分析でみたように，フォロワー数の多い者たちは，フォロワーか
らの「見られ方」にも敏感であった。だからＢ氏のように「ダサい」ことを見
抜くのも重要になる。

　こうした他者評価について，ボイド（2014）は，SNS を積極活用する 10 代の
若者について，家族や友人等の他者からの「見られ方」に敏感にならざるを得
なくなっていることを指摘している。現代のネット社会では「見て欲しいよう
に見てもらっているかどうか不安」（鈴木 2013）なのである。

　すなわち SNS を積極利用する若者たちは，一般人であるが影響力を持つた
めに，フォロワーによる「見られ方」という他者評価を重要視せざるを得なく
なっている。では，その「見られ方」の意識は，都市部と非都市部での観光・
レジャーでどのように異なるのだろうか？

> 「地方（非都市部への観光）は行ったということが大切。せっかく行ったこ
> とを「承認欲求」に変えたい。銭湯も温泉もやることは同じだけど，温泉
> に行くなら湯けむりとか入れて「湯けむり行きました」をツイートするだ
> けでそれができる。「コスパ」としては地方の方が（SNS の存在は）うれし
> い」（Ｄ氏・20 代女性）

　こう述べたＤ氏にとって，空間的にアクセス性の低い非都市部での観光・レ
ジャーでは，その時間的および金銭的コストに見合った対価をより多く得たい
という「コスパ」の意識があるということである。そしてその対価の獲得方法
として，自身の観光・レジャー活動を SNS で発信し，それを「見られる」こと
によって「承認欲求」を満たす，つまり満足感を高めることで，「コスパ」が良
くなるというのである。

　他方で，都市部は異なる場所として位置づけられている。

「たとえば渋谷はみんな分かち合えるから手軽。でも渋谷とかは人間の未踏の地が，「SNS 未踏の地」がない。「インスタ映えじゃん（笑）」みたいに，自分で自分を嘲笑する（からあまり発信しない）」（D 氏）

　ここにあるのは，フォロワー数の多い彼女にとって「インスタ映え」するような安易な観光情報発信は魅力的ではないという矛盾である。グラハムほか（Graham et al. 2013）が指摘したように，ネット上では都市部と非都市部に情報格差がある。だから渋谷のような都市部の消費地では，非都市部とは対象的に場所の情報が活発に共有されていると考えられる。それは量的には都市部の優位性を示すが，質的には，フォロワーからの「見られ方」を意識する彼女らから見れば，情報が活発に共有される場所や空間は，時に凡庸で陳腐なのである。

3　「SNS 映え」を超克する若者たち

　ここまでの分析と議論をまとめよう。若者たちは観光・レジャーにおいて，SNS をどのように使っているのだろうか？

　東京大都市圏の若者にとって，都市部は観光・レジャー資源が多く存在し，またネット上にも情報が多く蓄積され更新される。特に SNS に習熟した若者は，そうした場所の安易な情報発信は必ずしも魅力的とは考えない。その代わりに，より魅力的な観光・レジャー情報を選別する手段として，SNS で拡充した社会関係を有効活用している。一方で非都市部では観光・レジャーの資源や情報の量が比較的少なく，SNS を用いた観光情報の収集や発信は都市部ほど活発ではない。そのため，SNS は流通量の少ない非都市部特有の観光・レジャー情報を発掘し発信する効率的な手段として利用され，時にその行為は自身の貴重な観光・レジャー体験の上質化という意味をもつ。

　地理学ではこれまで，情報通信技術を介して蓄積される情報は，既存の地域構造や社会構造を反映しながら空間的に偏在し，特に都市部に情報が集中的に蓄積されるため，ネット社会化は機会獲得の空間的不平等を深刻化すると考えられてきた（Greenbrook-Held and Morrison 2011; Graham et al. 2013）。

　しかし本章でみたように，都市部の観光・レジャー情報の量的な豊富さは，質的には，SNS に習熟した若者にとって必ずしも良好な情報環境として評価さ

れるとはいえず，また非都市部の情報の少なさも一概に劣悪と評価されている
わけではなかった。若者たちは，こうした観光・レジャーの情報環境の，量と
質の空間的な複雑性を認識して SNS を活用している。

　本研究の示唆として，情報発信力に乏しかった観光地や観光資源の価値が
SNS を通して若者たちに発見され拡散される可能性は高まっている。しかし，
より重要な点として，特に影響力の大きい若者たちは安易な「SNS 映え」を厳
しく評価し，陳腐で「ダサい」と忌避してもいる。

　したがって地域の観光発展は，SNS 等を使った観光情報流通に頼るだけでな
く，個々の地域の文脈に適した発展を長い目で考えることが重要である。若者
たちは，そうした地域の文脈を見抜き評価できる，鋭く豊かな知識と感性をも
つのである。

■参考文献

石森秀三・山村高淑 2009. 情報社会における観光革命——文明史的に見た観光のグ
　ローバルトレンド. JACIC 情報 94：5-17.

鈴木謙介 2013.『ウェブ社会のゆくえ ＜多孔化＞した現実のなかで』NHK 出版.

ボイド，ダナ著，野中モモ訳 2014.『つながりっぱなしの日常を生きる——ソーシャ
　ルメディアが若者にもたらしたもの』草思社. Boyd, D. 2014. *It's Complicated: The
　Social Lives of Networked Teens*. New Haven: Yale University Press.

Graham, M, Zook, M and Boulton, A. 2013. Augmented reality in urban places:
　contested content and the duplicity of code. *Transactions of the Institute of British
　Geographers* 38(3): 464-479.

Greenbrook-Held, J. and Morrison, P. S. 2011. The domestic divide: Access to the
　Internet in New Zealand. *New Zealand Geographer* 67(1): 25-38.

第Ⅱ部

若者特有の観光行動の様相

6章

アニメコンテンツと若者の余暇活動
——アニメ聖地巡礼の今とこれから——

キーワード：コンテンツツーリズム，アニメショップ，アニメ聖地巡礼

　現代社会では，テレビのコマーシャルやコンビニエンスストアの店内などで，アニメに登場するキャラクターなどを目にする機会が増えており，アニメやマンガ，ゲームなどに関連した観光の形態である「コンテンツツーリズム」も注目されている。コンテンツツーリズムという言葉は，国土交通省，経済産業省，文化庁による「映像コンテンツの制作・活用による地域振興のあり方に関する調査」の報告書（2005 年）の中ではじめて使われた。この報告書では，コンテンツはその「物語性」を既存の観光資源に付加したり，まったく新たな観光資源を創出したりすることが可能であるとされている。つまり，コンテンツツーリズムは，これまであまり光が当てられてこなかった地域や場所を，観光資源として活用できる可能性を秘めている。

　一方，アニメやゲームなどの流行は，各種メディアで若者の旅行離れと関連づけて報じられることも多い。実際，観光庁の「将来的な商品化に向けた観光資源磨きのモデル調査業務」の報告書（2015 年）では，宿泊を伴う旅行をしない傾向にある若者の趣味は，アニメやマンガ，ゲームが多いことが指摘されている。いわゆるインドアの趣味にお金と時間を費やしているため，金銭的にも時間的にも旅行に出かける余裕がない若者が多いということだろう。だが，この報告書では同時に，「アニメ聖地巡礼」という観光形態の活用が，旅行需要を喚起するための一つの手段になるということについて言及している。

　本章では，アニメ聖地巡礼を含む，若者のアニメに関連した余暇活動の実態を，東京大都市圏に居住する若者への Web アンケート調査結果によって明ら

かにする。また，日常的な消費行動としてのアニメショップの利用および主に
アニメの視聴を契機とした観光行動であるアニメ聖地巡礼の空間的な特徴につ
いて考察を行う。

1 アニメショップとアニメ聖地

アニメショップとは，アニメ作品やそこから派生した商品を専門に販売する
小売店である。DVD，CD，キャラクターグッズ，漫画，ライトノベル，同人誌
などの様々な商品を取り扱っている。

これまでアニメショップに関する研究として，店舗の分布や立地に関する研
究が行われてきた。例えば，オタク文化の中心地である秋葉原がパソコン関連
店舗の集積地からアニメ関連店舗の集積地に変容した要因や（牛垣 2012），秋葉
原への来訪者の回遊行動のパターンに言及しているもの（林ほか 2013）があり，
後者では若者がアニメグッズなどのコンテンツ関連店舗に立ち寄る傾向が強い
ことが示されている。

アニメ聖地とは，「アニメ作品のロケ地またはその作品，作者に関連する土地
で，且つファンによってその価値が認められている場所」（山村 2008）であり，
このような場所を訪れることをアニメ聖地巡礼という。近年では，映画『君の
名は。』のヒットによって，この映画の舞台になった場所を訪れる人々の様子が
マスメディアに取り上げられたように，アニメ聖地巡礼はコンテンツツーリズ
ムの代表的な形態の一つである。

アニメ聖地巡礼の研究については，これまで地域住民の取り組みや反応，住
民と観光者との交流などについての分析がされてきた。例えば，山村（2008）は，
アニメ聖地の成立や地域社会が観光者を受容するまでのプロセスに着目し，地
元の商工会が地域内の商店やアニメのファン，地域外の企業などの主体との良
好な関係性を構築し，アニメ聖地の成立に大きな役割を果たしたことを明らか
にした。岡本（2013）は，アニメ聖地で行われるイベントなどをファンが企画し
ている例を挙げて，観光者が他の観光者をもてなしていることに言及し，アニ
メ聖地巡礼が一般的な観光地でみられる地域住民と観光者の関わり合いに留ま
らない現象であることを指摘している。

特に 2000 年代以降，アニメを媒介として地域と旅行者とを結びつけるアニ

メ聖地巡礼の研究は，コンテンツツーリズムという枠組みの中で数多く行われてきた。そして，本書の議論の中心である若者はアニメに関するコンテンツの主要な消費者であり，彼らの行動を明らかにすることは，コンテンツツーリズムの研究における重要な課題の一つであるといえるだろう。

2　アニメに関連する余暇活動の実態

　前述したように，東京大都市圏における若者のアニメに関連する余暇活動の実態を把握するための Web アンケートを実施した。調査期間は 2017 年の 9 月 8 日から 9 月 12 日であり，調査の対象者は東京大都市圏に居住する 15 歳以上 35 歳未満の人々である。「直近 3 年間に東京大都市圏でアニメに関連した余暇活動を行ったか」という質問に関して「はい」と回答した人に対してのみ，本調査を実施した。調査で回収したサンプル数は計 545 件である。

　ここでは，アニメに関連した余暇活動において，「活動のタイプごとの参加頻度」「主な同行者」「印象に残った聖地」に関する Web アンケートの調査結果を示す。

　まず，直近 3 年間における活動のタイプごとの参加回数の選択割合を図 6-1 に示した。日常的な消費行動に含まれると考えられる「アニメショップでの商品購入」「コラボカフェ（主にアニメ作品にちなんだメニューなどを提供するカフェ）での飲食」，コンテンツツーリズムの一例として「アニメ聖地巡礼」，非日常的なイベントとして「同人誌即売会や展示会への参加」「アニソンや声優ライブへの参加」「コスプレ大会への参加」「アニメ関連のオフ会への参加」をアニメに関連した余暇活動の選択項目とした。

　これによると，アニメショップでの商品購入については，「11 回以上」の割合（22.4%）が，他の活動と比べて特に高い。アニメ聖地巡礼に関しては，60% 以上の回答者が少なくとも 1 回はこれを行っている。同人誌即売会，アニソンや声優のライブ，コスプレ大会，アニメ関連のオフ会に関しては，一度も参加したことがない人の割合が半数を超えている。これらの結果をみると，アニメ聖地巡礼はアニメ関連の各イベントへの参加よりもアニメファンにとって行われやすい活動であることがわかる。これは，アニメ関連の各イベントが，開催される日にちが限定されている活動である一方，アニメ聖地巡礼はアニメのワン

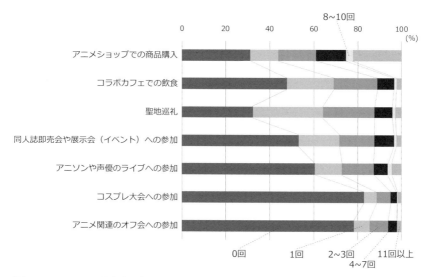

図6-1 アニメに関連する余暇活動の参加割合（Webアンケート調査結果より）

シーンなどのフィルターを通して，常に存在する風景を見る活動であるため，いつでも行えることが一因として考えられる。市販のガイドブックやWebサイト，さらには地域が発行するアニメ聖地巡礼用のマップなど，現在はアニメ聖地巡礼を行いたい人が利用できる情報も簡単に検索できる状況にある。

　次に，活動のタイプごとの主な同行者の割合を**図6-2**に示した。アニメショップでの商品購入，アニメ聖地巡礼，同人誌即売会や展示会への参加，アニソンや声優のライブへの参加は，「同行者なし」つまり1人で行う，もしくは「学校やサークルの友人」と行う人の割合が約25-30%と高い。コラボカフェでの飲食は，「学校やサークルの友人」の割合（36%）が高い一方，「同行者なし」の割合（13.4%）は低い。コスプレ大会やアニメ関連のオフ会への参加は，SNSをはじめとした「主にオンラインで交流のある友人」と行う人の割合（それぞれ27.2%，31.5%）が，他の活動と比べて高い点が特徴的である。そして，どの活動においても，「親」「兄弟姉妹」「子供」といった家族との参加がみられるが，割合としては高くない。「恋人・夫婦」に関しては，どの活動においても約10-15%の範囲にあり，一定の需要があることがわかる。

　最後に，実際に訪れて印象に残ったアニメ聖地とその作品名に関して，5名

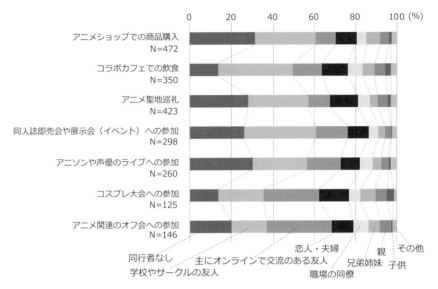

図 6-2 **アニメに関連する余暇活動における主な同伴者**（Web アンケート調査結果より）

表 6-1　印象に残った聖地（Web アンケート調査結果より）

作品名	おもな聖地	N
君の名は。	新宿，四ツ谷	26
あの日見た花の名前を僕達はまだ知らない。	秩父	25
ラブライブ！	秋葉原	20
ガールズ＆パンツァー	大洗	15
らき☆すた	鷲宮	12
デュラララ！！	池袋	6
STEINS;GATE	秋葉原	5

　以上からの回答が得られたものを**表 6-1** に示す。最も回答が多かった作品は『君の名は。』（26 名）であり，次いで『あの日見た花の名前を僕達はまだ知らない。（以下，あの花）』（25 名）であった。『君の名は。』の聖地は主に山手線沿いにあり，西新宿交差点やドコモタワーなどが作中に登場する新宿や，クライマッ

クスのシーンのモデルとなったとされる須賀神社（四ツ谷）などが挙げられる。これらは作品の人気に加え，東京都心部特有のアクセスの良さから多くの人が訪問したと考えられる。『あの花』の聖地は，主に埼玉県の秩父である。秩父への訪問者数が多くなった理由として，行政や西武鉄道株式会社などによって構成された「秩父アニメツーリズム実行委員会」が中心となり，聖地巡礼マップの作成などを行うことによって，観光者を誘致していたことが挙げられる。

3　アニメショップとアニメ聖地の分布

　Webアンケート調査では，アニメショップ訪問やアニメ聖地巡礼が若者のアニメファンにとって一般的な余暇活動であることを示していた。本項では，東京大都市圏におけるアニメ聖地の特徴について考察する。東京大都市圏における主なアニメショップ（2017年7月現在）とWebアンケートで2名以上から回答が得られたアニメ聖地の分布を図6-3に示す。

(1) アニメショップの分布
　図6-3をみると，アニメショップは東京都を中心に神奈川県および埼玉県の東部，千葉県の北西部の都市部に広く分布していることがわかる。さらに，東京都心部では，これまでのアニメ関連店舗に関する研究で分析の対象とされることが多かった秋葉原駅や池袋駅周辺に加えて，新宿駅周辺にもアニメショップが集積していることがわかる。新宿駅の西口側や東口側には「アニメイト」など大衆向けの店舗が，南口側には「とらのあな」や「ゲーマーズ」などより詳しい人向けのアニメショップがある。秋葉原や池袋ではアニメショップが街のシンボルの一つになっているが，新宿の場合はアニメショップが街に溶け込んでいる。

(2) アニメ聖地の分布
　図6-3には全部で16か所のアニメ聖地が示されており，これらの分布には地域的な偏りがみられる。都県別にみると，東京都が8か所，埼玉県が5か所，神奈川県が2か所，茨城県が1か所であり，千葉県のアニメ聖地は示されていない。

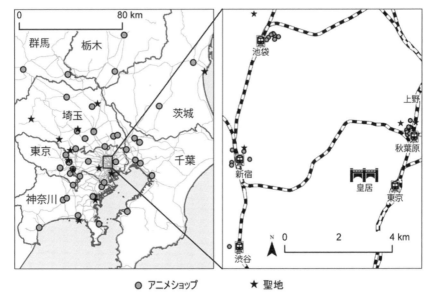

図6-3　アニメショップとアニメ聖地の分布（Web アンケート調査結果より）

　東京都のアニメ聖地は23区部に集中しており，例えば2016年に大ヒットしたアニメ映画『君の名は。』の聖地である新宿や四ツ谷では，2017年9月現在も多くの人がアニメ聖地巡礼をしている様子がみられた（**写真6-1**）。また，秋葉原にある神田明神の境内ではアニメとコラボレーションしたポスターが掲出され，グッズが販売されていた（**写真6-2**）。

　埼玉県はアニメやマンガを用いた観光振興を推進しており，埼玉県公式観光サイト「ちょこたび埼玉」には埼玉県の各地を舞台としたアニメの一覧が紹介されている。多くの人が印象に残った聖地として挙げていたのが秩父であり，次が久喜市の鷲宮であった。この他の聖地として川越や飯能があり，東京都と比較して埼玉県は郊外の地域が多い傾向にあった。

　このほか，回答者数が多かったのが，『ガールズ＆パンツァー』（以下，ガルパン）の聖地である茨城県の大洗である。大洗では『ガルパン』とタイアップしたイベントが開かれるなどして，アニメを活用した積極的な地域振興が行われてきた。このような取り組みが評価され，2013年に観光庁の「第一回「今しかできない旅がある」若者旅行を応援する取組表彰」において，奨励賞を受賞している。

写真 6 - 1　アニメ聖地での写真撮影（2017 年 9 月小池撮影）　写真 6 - 2　神田明神の境内
（2017 年 9 月小池撮影）

　以上より，東京大都市圏のアニメ聖地について，大洗や鷲宮などの郊外への来訪がみられる一方，新宿や秋葉原など都心部の聖地への来訪経験を回答した人も多かった。アクセスのよさに加え，ショッピングなどのついでにアニメ聖地巡礼ができる気軽さが，回答者数の多さにつながったと考えられる。

　最も回答者数の多かった『君の名は。』の作中では，「田舎」の景観と対比する中で，新宿や六本木の高層ビル群が「都会」の象徴として描かれている。一方，『STEINS;GATE』は，秋葉原がストーリーの中心となる舞台であり，作中で地域名が明言されている。これは，池袋を舞台とした『デュラララ！！』でも同様である。したがって，東京のアニメ聖地については，前者のように作中で都会のシンボルとして描かれている場合と，後者のように各地区の特徴や独自性が描かれている場合がある。東京都（特に 23 区）のアニメ聖地巡礼については，シンボル性のある巨大な建築物や構造物と，昔からそれぞれの地域に存在する神社などを含めた風景が対象となっていると考えられる。

4　アニメコンテンツと若者の余暇活動

(1)　調査結果からの示唆

　本章では，Web アンケート調査によって，東京大都市圏におけるアニメに関連した若者の余暇活動の実態を明らかにした。調査結果から特に着目したいの

は，普段から顔を合わせるわけではない，オンライン上の友人とともに観光・レジャーをする層が一定数いたことである。現実空間を越えて，同じ趣味をもった友人をみつけることは，ソーシャルメディアが普及している現代において難しいことではない。さらに，これらのツールを普段から使いこなしている若者にとって，オンライン空間で見知らぬ他者と交流することに対する抵抗感は比較的小さいと考えられる。アニメというコンテンツは，現実空間では出会うことのなかった人々を結びつけ，余暇活動の機会を提供している。また，アニメは，若者の旅行離れの原因として語られることもあるが，アニメ聖地巡礼のように，現実空間にアニメ作品と関連する新たな価値を与え，人々に観光動機をもたらすという一面ももちあわせている。

　さらに，調査では訪問されやすいアニメショップとアニメ聖地の空間的分布についても確認した。主なアニメショップは，東京大都市圏に広く分布し，東京23区内では秋葉原や池袋の他，新宿にも集積していた。若者にとってアニメは今やニッチな趣味ではない。アニメショップの分布が拡大し，日常的な利用が行われるようになったことから，その集積地としての秋葉原や池袋の特殊性は相対的に低下したと考えられる。

　一方，印象に残ったアニメ聖地については多様な回答が得られた。これは，個人の嗜好の違いが大きく反映されたためであると考えられる。最も回答数の多かった『君の名は。』が2016年の作品である一方，調査時から10年前に放送された作品のアニメ聖地もみられた。コンテンツツーリズムは，映画やドラマなどが放映された年に入込客数などの効果が最大となり，その後は効果がなくなっていってしまう場合もあり，持続性が疑われることも多い。しかし，岡本(2015)は，アニメ『花咲くいろは』の舞台となった石川県金沢市の神社で，作中で描かれた架空の祭りが実際に毎年行われ，年を追うごとに来場者数が増加していったことに言及し，年々発展するアニメ聖地もあることを示した。本調査においては，作品の新しさとアニメ聖地の訪問数との関係は弱かったため，ファンにアニメ聖地であると認識された地域は，継続的にアニメ聖地巡礼が行われることが示唆された。

(2) アニメ聖地巡礼のこれから

　本章ではコンテンツツーリズムの一例として，アニメ聖地巡礼を取り上げた

が，最近のアニメ作品には特定の余暇活動のブームを起こしたものもある。
2018年に放映された『ゆるキャン△』は，女子高校生が山梨県や長野県，静岡
県などのキャンプ場でキャンプを行うアニメであり，これが近年の，特に若者
の間でのキャンプブームの要因の一つとなったといわれている（詳しくは第7章
を参照）。この作品では，エンディング後にキャンプを楽しむ時の注意点が毎話
表示されたり，作品とアウトドア用品のブランドがコラボレーションしたキャ
ンプギアが販売されるなど，アニメの視聴者が実際にキャンプを行うことが想
定された内容が盛り込まれている。

　このようにインドアの趣味であるアニメ鑑賞がアウトドア活動への動機づけ
となっている点は非常に興味深い。もし視聴者がアニメの舞台のモデルとなっ
た特定のキャンプ場にのみ，アニメ聖地としての魅力を感じているのであれば，
それ以外のキャンプ場の利用者が特別増えることはないはずである。しかし，
視聴者の多くはキャンプという行為そのものに魅力を感じているのであり，そ
のことが場所を問わず自らキャンプをする人の増加につながったため，『ゆる
キャン△』がキャンプブームの一因となったと考えられる。そして，作中に出
てきたキャンプ料理のレシピを再現する動画なども多数投稿されている。

　本章ではアニメ聖地という場所と若者の観光との関係性について論じてきた。
近年は，キャンプの他にも登山や釣りなど様々な余暇活動を題材とした作品が
放映され，これらはアニメの視聴者が新たな余暇活動を楽しむきっかけとなっ
ている。アニメコンテンツが現実空間とどのように結びついていくのか，今後
も注目していきたい。

■参考文献

牛垣雄矢 2012. 東京都千代田区秋葉原地区における商業集積地の形成と変容. 地理
　学評論 85(4)：383-396.
林恵子・池本将章・兼田敏之・小山友介・中村仁 2013. 東京都秋葉原地区における回
　遊行動ならびに用途断面に関する調査研究. 日本建築学会技術報告集 19(41)：
　315-319.
岡本健 2013.『n次創作観光——アニメ聖地巡礼／コンテンツツーリズム／観光社会
　学の可能性』北海道冒険芸術出版.
岡本健 2015.『コンテンツツーリズム研究——情報社会の観光行動と地域振興』福村
　出版.

山村高淑 2008. アニメ聖地の成立とその展開に関する研究——アニメ作品「らき☆すた」による埼玉県鷲宮町の旅客誘致に関する一考察. 国際広報メディア・観光学ジャーナル 7：145-16.

7章

個人化する若者キャンプ
──ソロキャンプの価値観とキャンプ場の対応──

キーワード：キャンプ場，ソロキャンプ，自己完結，動画

「キャンプ」と聞くと，何を思い起こすだろうか。家族旅行，テント，川遊び，バーベキュー，飯ごう炊さん，合宿研修など様々であろう。キャンプは学校や企業などでの教育・研修目的で行われることもあるが，本章ではレジャーとしてのキャンプに焦点を当てる。

2019年3月30日付の日本経済新聞夕刊1面に「キャンプ1人で充実」という大きな記事が掲載された[(1)]。この記事では，ひとりでキャンプを楽しむ「ソロキャンプ」をすることが広がってきたことに触れている。この背景には，働き方改革による余暇時間の増加，生涯未婚率の上昇による単身者の増加，またひとりでキャンプを楽しむことへの抵抗の緩和などが挙げられている。キャンプは比較的安価に楽しめるレジャーとして，子どもを連れた家族で行うことが，日本では一般的である。一方，ひとりでキャンプを楽しむ者はどちらかといえば少数である。しかし，最近では，キャンプ場にひとりで来訪し，キャンプをひとりで楽しむことを目的とする行動がみられ，これが若者にも人気となっている。本章では，ひとりでキャンプを行う「ソロキャンプ」を楽しむ者が最近増加する背景について，ソロキャンプに対する若者の価値観と，東京大都市圏の外縁部におけるキャンプ場の対応の視点から考察する。

1 キャンプに関する研究

キャンプに関する学術的研究は，長谷川（2016）も指摘するように，教育や研

修目的でのキャンプへの参加者を研究対象とした教育的・心理的効果に関する野外教育学分野における論考が中心である。一方，キャンプ場を主眼とした研究は乏しく，全国のキャンプ場へのアンケート調査からキャンプ場の経営実態や来訪者層を分析し，利用目的からキャンプ場の分類を試みた前野 (1980) や，日本におけるオートキャンプブームとその要因を来訪者の観点から分析した長谷川 (2016 ; 2017) などに限られ，これらからオートキャンプ場の来訪者の特性がある程度示されている。

　観光地理学においても日本のキャンプ場を主眼とした研究は意外にもみられない。観光地理学において，日本のキャンプ場は，農村部の観光地域を構成する観光要素の一つとしてとらえられてきた。1980 年代から「自然休養村」や「家族旅行村」などの公的な観光施設が建設され，その中に自家用車にテントなどのキャンプ用品を積んで来訪するオートキャンプ場が整備された (半場 1991 ; 中山 2000)。これは，高度経済成長を経て農業など農村部の基幹産業の縮小を受けた地域における農村振興や観光開発の色彩が強いものであった。

2　第2次キャンプブームの到来とソロキャンプの進展

(1) 第2次キャンプブームと若者

　公的な観光施設にオートキャンプ場が整備され始めた 1980 年代から 1990 年代後半にかけ，民間施設を含め，全国に相次いでオートキャンプ場が開設され，1996 年には 1000 か所以上が立地した。これに伴ってオートキャンプへの参加者数も増加し，1985 年の 460 万人から 1996 年には 1580 万人に急増した。1980 - 1990 年代は「第1次キャンプブーム」とされ，これは子どもを連れた家族でオートキャンプを楽しむ者が増加したことに特徴づけられる。家族でのキャンプが増加した背景には，自家用車の普及，週休2日制の普及による余暇時間の増加と家庭優先志向，キャンプ場という人工的に整備された「手軽」に味わえる自然への志向があるという (長谷川 2016)。

　最近のオートキャンプへの参加人口は第1次ブーム期の半数程度である。しかしながら，2013 年以降，それまで 700 万人台で停滞していた参加人口が増加傾向に転じ，2018 年には 850 万人となった (日本オートキャンプ協会 2019)(**図7-**1)。このことから，最近は「第2次キャンプブーム」期にあるとされる[2] (日本生

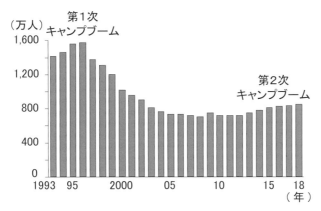

図7-1　日本におけるオートキャンプへの参加人口の推移（推定値）（日本オートキャンプ協会刊『オートキャンプ白書』各年次から作成）

産性本部 2019）。この要因として，①第1次ブームでキャンプを経験した団塊ジュニア世代がキャンプを再度楽しみ始めたこと，②「グランピング」というホテル水準の設備やサービスを備えた高級志向のキャンプの登場，③キャンプに関する画像や動画が「インスタ映え」するコンテンツとして若者が広く利用しているソーシャルメディア上で注目を集めていること，④女子高校生がキャンプをするアニメ『ゆるキャン△』の放映などが挙げられている。①については，40-50歳代が中心である一方，③，④については 20-30歳代が中心であり，若者が第2次キャンプブームの牽引役になっていることを示している（日本オートキャンプ協会 2018）。

　キャンプの同行者は，2018年の調査では「家族」が61.2%，「他の家族」が28.2%，「夫婦」が16.1%となっていることから，キャンプは依然として家族で楽しむことが一般的といえる（**図7-2**）。一方で，ひとりでキャンプをする者は割合としては少ないものの，増加傾向にある。2008年以降，その割合は2%台に達し，2018年には5%台に急増した（**図7-3**）。

　ソロキャンプは，オートバイでの宿泊を伴う長距離ツーリングの際の安価な宿泊手段として用いられてきた。しかし，最近では若者を中心に，ソロキャンプを楽しむこと自体を目的に同行者を伴わずキャンプ場に来訪する者が増加しているとされる（日本オートキャンプ協会 2019）。キャンプをひとりで楽しむこ

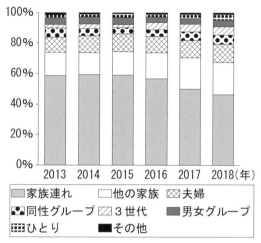

図7-2 オートキャンプへの同行者別の割合の推移（日本オートキャンプ協会刊『オートキャンプ白書』各年次から作成）

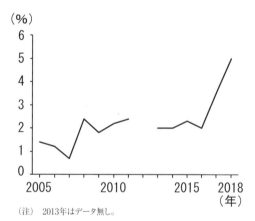

（注）　2013年はデータ無し。

図7-3 ひとりでキャンプをする者の割合の推移（日本オートキャンプ協会刊『オートキャンプ白書』各年次から作成）

とは「ソロキャンプ」「ソロキャン」などと呼ばれている。

(2) ひとりでも楽しいという価値観

　ソロキャンプが人気になった背景に，アニメや動画などのコンテンツを通じてソロキャンプがひとりでも楽しいと魅力的に発信されたことがあげられる。

　影響が大きかったメディアの一つに『ゆるキャン△』があり，これは若者のキャンプへの新規需要を生み出したとされる（日本生産性本部 2019）。『ゆるキャン△』は，漫画家であるあfろ氏の漫画作品で，2015 年から芳文社刊『まんがタイムきららフォワード』で連載され始めた。山梨県周辺を舞台に，架空の高校である本栖高校に通う女子高校生がキャンプ場での宿泊やアウトドアクッキング（野外調理）を楽しむ様子を描いている。作品では，実在する景観や施設が描かれ，またキャンプの方法も紹介されている。漫画作品は幅広い世代から支持されており，特に 20 - 30 歳代の男性に人気である。⁽³⁾舞台である山梨県身延町やその周辺では作品舞台の聖地巡礼をする者もみられる。2018 年からはアニメ専門チャンネルの AT-X や TOKYO MX などでアニメ版の放送が開始され，その後，ニコニコ動画，Amazon プライムビデオなどオンラインの動画配信サービスでも視聴できるようになった。さらに 2020 年 1 月からはテレビ東京系でドラマとしても放送された。

　主人公である「志摩リン」は，オフシーズン（冬）のソロキャンプが好きな本栖高校の女子生徒という設定で，ひとり，時には数人の友人とともに毎週のように山梨県，長野県，静岡県のキャンプ場に出かけていく。この作品でのソロキャンプは，ひとりで寂しくキャンプをしているという悲観的なものではない。むしろ志摩リンがひとりでソロキャンプやパスタなどの簡単な調理を楽しんでいる様子を見た友人がソロキャンプに興味を抱くようになっていることから，ソロキャンプは楽しく魅力的なものとして描かれている。すなわち，ひとりでキャンプをしてアウトドアクッキングをすることは，楽しいこととして魅力的に発信されている。

　また，芸人であるヒロシ氏が動画投稿サイト YouTube に設けた「ヒロシちゃんねる」の影響も大きい。ヒロシ氏は 2015 年 3 月にこのチャンネルを開設し，2020 年 9 月下旬時点で 177 の動画が投稿されており，チャンネルの登録者は約 96.5 万人，総再生回数は約 8700 万回以上にも及ぶ。筆者の記録では，

2020 年 3 月上旬には約 5900 万回であったことから，わずか半年で再生数を 1.5 倍に伸ばしたことになる。177 の動画のほぼすべてがキャンプに関するもので，数人のソロキャンプ仲間とのキャンプの様子，キャンプ用品の使い方や個人的評価などの動画の他に，「ソロキャンプ」をタイトルに入れた動画も多い。最も再生回数が多い動画も，2018 年 4 月に投稿されたソロキャンプをテーマとした約 20 分の動画で，2020 年 9 月下旬時点で約 435 万回再生されている。ハンモックを設営して寝そべり，小枝を集めてたき火をおこして魚や肉，アスパラベーコンを焼く様子が，夕暮れや周囲の川のせせらぎとともに収録されている。YouTube で「ソロキャンプ」と検索すると，この動画が再生回数で 1 位となっており，4 位，7 位，9 位にもヒロシ氏のソロキャンプの模様を収めた動画がランクインしている。ソロキャンプの様子は，テントの設営をしたり，たき火をおこして簡単な料理をしたり，周囲の自然環境を映したりしている場面が多く，一方で本人の姿はほとんど映らず，声や字幕での説明もまずなく，周囲の音だけが聞こえ，他の人の気配が感じられないソロキャンプの過程が画角を変えながら淡々と収録されている。

　この様子をどう感じるかは人によるのであろうが，再生回数が数百万回以上のソロキャンプの動画が複数あることは，人がいない場所でソロキャンプをするというヒロシ氏の価値観に視聴者の関心が非常に高いということを示している。

3　東京大都市圏のキャンプ場の対応

　これまではソロキャンプが人気となった背景について論じてきたが，キャンプ場側の対応はどうであろうか。

　東京都奥多摩町にある H キャンプ場は，JR 青梅線奥多摩駅から徒歩 10 分程度の氷川沿いにある。東京都心からのアクセスに優れることから，自動車だけでなく，鉄道を利用して来訪するゲストも多い。このキャンプ場と隣接する町営の立体駐車場で合わせて約 60 台駐車できるものの，周辺にも駐車場は非常に少なく，家族連れが事前予約して満車となることが多い。そのため，鉄道を利用し，キャリーケースでキャンプ用品を持参するソロキャンプ目的の者もいる。また，奥多摩駅の始発列車は 2020 年時点で 5 時 7 分発であり，この列車

に乗ると，例えば立川駅には 6 時 10 分には到着できるため，そのまま出勤する者もいる[(4)]。そのため，平日にもソロキャンプの利用者がみられる。

　ヒロシ氏がここで動画を撮影したことや『ゆるキャン△』（アニメ）の影響で，ソロキャンプ目的の者が 2019 年の冬から増え始めたと経営者は認識しており，現在ではゲストの半数がソロキャンプであるという。30 歳代後半から 50 歳代の男性を中心に，20 歳代から 30 歳代前半の男性や女性も来訪している。出発地は東京都内がほとんどであり，神奈川県や千葉県からも来訪する。彼らの目的は，ひとりで静かに過ごすことであり，周囲にいる別の者と交流したり，騒いだりすることはない。したがって，家族連れなど賑やかに過ごす訪問者が多い休日よりも平日が人気であり，また季節を問わず年間を通じて来訪するため，家族連れが少ない冬季の訪問もみられる。予約のタイミングは，人気のある土曜日には 1 か月前にもあるが，数日前でも予約はみられる。また，ヒロシ氏の動画の影響もあり，地面に薪を直接置く直火でのたき火をするニーズが強く，薪のセットを一つ 700 円で販売している。料金は利用者一律で 1 人 1500 円であり，ソロキャンプ向けの特別なプランや専用の区画があるわけではない。

　神奈川県秦野市にある T キャンプ場は，丹沢山地の南端に位置し，水無川という川沿いにあり，通年で営業している。鉄道駅からは遠く，約 2km 離れた場所に路線バスのバス停があるものの，実質的には自動車やオートバイなどでのアクセスに限られ，駐車場が 60 台設けられている。ソロキャンプ目的の者は2020 年から増加しており，経営者はこのキャンプ場でヒロシ氏が動画を撮影したことや，キャンプ専門雑誌で時々紹介されることが増加の要因と考えている。ソロキャンプ目的の者は，20 - 30 歳代の男性がほとんどであり，東京都，神奈川県，千葉県から来訪する。彼らには静かに他人に邪魔されずにひとりで気楽に過ごしたいというニーズがあるため，家族連れが少ない平日にも来訪する。こうしたニーズと，予約を受け付けていないことから，来訪者が多くないか来訪前に電話で尋ねる者もいる。直火でのたき火に強いニーズがあり，600 - 800円で薪のセットを販売しているものの，薪割りを自身で行いたい者が多く，そのためのサービスも提供している。これ以外にソロキャンプ向けのプランや専用の区画設定などはない。そのため，連休には家族連れとソロキャンプが混在する（**写真 7 - 1**）。

　関東地方において特にキャンプ場数が多い栃木県日光市はどうだろうか。日[(5)]

**写真 7 - 1　ソロキャンプと友人連れのキャンプが混在する様
子**（2020 年 9 月の連休に渡邊撮影）

光市には 18 か所のキャンプ場が立地し，このうち比較的標高の低い今市地区
や藤原地区にある 6 か所のキャンプ場が通年で営業し，他の 12 か所は冬季に
閉鎖される。そのため，市全体では 5 月，7 - 9 月に訪問者が多い傾向にあるも
のの，最近は冬季の利用者が微増傾向で（**図 7 - 4**），この要因の一つにソロキャ
ンプの増加がある。筆者の聞き取りによれば，ソロキャンプ向けの宣伝を特に
していないものの，ソロキャンプが冬季のゲストのうち 2 割程度に増えたキャ
ンプ場があった。彼らはひとりでたき火をしながら静かに過ごすために，ゲス
トが少ない冬季に来訪する。また，夏季に比べて冬季は虫が少ないことがメ
リットと考える来訪者もいる。ゲストや東京のキャンプ雑誌社からの助言によ
り，ソロキャンプ向けのプランや優先のテントサイトを 2018 年に設定して
ウェブサイトで宣伝するなど，ソロキャンプの誘致に積極的なキャンプ場も日
光市内に 2 か所ある。この結果，中高年だけでなく，20 - 30 歳代のゲストを獲
得するようになった。しかし，これら 2 か所はいずれも冬季には営業を休止し，
またソロキャンプ目的の者が経営面で重要とは認識していなかった。なぜなら
ば，ソロキャンプ目的の者がゲストの 1 - 2 割にすぎないためである。した
がって，主要な顧客である家族連れの誘致が依然として重要という認識が多く
聞かれた。

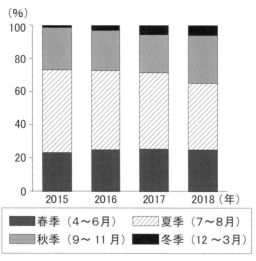

図7-4 日光市における季節別のキャンプ場利用者数の割合 この調査の集計対象は日光市内の18か所中6か所のキャンプ場のみ。（日光市提供資料から作成）

4 ソロキャンプが意味するもの

　博報堂ブランドデザイン若者研究所（当時）の原田曜平氏は，ひとりでの外食，趣味，旅行への抵抗が若い世代（特に20歳代）になるほど低下し，ひとりで過ごす時間を求めるニーズも若い世代ほど高くなる傾向を指摘している（原田2015）。例えば，ひとりでカラオケやディズニーランド，花火大会に行くことを若者が楽しんでいる。これは，周囲の者に気を使わずに済むことや自分がやりたいことができるためである。ソーシャルメディアが普及した現在では，ひとりで楽しんでいることを発信すれば，誰かしらから反応があるため，現実空間での他人とのつながりの必要性を低下させているとされる。それゆえ，ひとりでの消費行動が目立つようになってきているとされる。

　ソロキャンプにもこのような側面はあるのかもしれない。しかし，私はソロキャンプが，現実世界から一時的にいわば「ログアウト」したいというニーズの表れであると考える。ソロキャンプでは，周囲に同じようなソロキャンプを

している人がいても，またソロキャンプ仲間同士で来訪しても，他人とつるまずに，一人用の鉄板やライスクッカーなどで自分の分だけ料理をする。たき火も自分専用の火をおこすのである。キャンプ用品の入手においても，若者が常用している YouTube の情報を参考にすれば，Amazon などのネット通販サイトから適切なキャンプ用品を購入できる。ネット通販サイトで購入すれば，キャンプ用品店を訪問する必要もなく，他人に何を買えばいいのか教えを乞う必要もないため，かつてのイメージとは異なり，キャンプは初心者にも敷居が低い趣味になりつつある。

　このように，ソロキャンプは，他人と関わらずとも自己完結的に実行できる特性があるといえる。それゆえ，他人に邪魔されずにひとりで過ごす手段として若者に選ばれやすいと考えられる。また，ヒロシ氏などの存在により，ソロキャンプへの「ひとりで寂しそう」という悲哀のまなざしも，「そういう人もいる」という理解へのまなざしへと変化したことも，ソロキャンプの普及を後押ししているのではないだろうか。

　ソロキャンプはキャンプ全体の参加人口の増加や，平日や冬季のキャンプ場の利用増に寄与している（日本オートキャンプ協会 2019）。とはいえ，キャンプ場にソロキャンプをむやみに誘致することは得策ではない。それは，ソロキャンプに，静かな空間を求めるニーズがあるためである。仕切りのない屋外空間でソロキャンプのニーズをキャンプ場が実現できるかが，ソロキャンプの定着につながる鍵であろう。

(1) 宇都宮　想　2019.「働き方改革，増えた余暇を気兼ねなく　キャンプ1人で充実」日本経済新聞 2019 年 3 月 30 日夕刊 1 面.
(2) なお，2019 年時点では，全国に 1276 か所のオートキャンプ場が立地している（日本オートキャンプ協会 2019）.
(3) 産経新聞 Web サイト「アニメ「ゆるキャン△」の「聖地巡礼」30 代男性に人気　山梨」2018 年 4 月 20 日付. https://www.sankei.com/region/news/180420/rgn1 804200019-n1.html（最終閲覧日：2020 年 3 月 4 日）
(4) 下野新聞「「新しい日常」を脱出　キャンプ人気進む二極化」2020 年 9 月 7 日付 16 面.
(5) フィネス・昭文社出版制作事業部編 2018.『全国キャンプ場ガイド '18–'19 東日本編』昭文社.

■参考文献

中山昭則 2000．自然休養村事業による観光振興と地域の活性化．人文地理 52：372-384．

日本オートキャンプ協会 2018．『オートキャンプ白書　2018』

日本オートキャンプ協会 2019．『オートキャンプ白書　2019』

日本生産性本部 2019．『レジャー白書 2019』

長谷川教佐 2016．新しい家族旅行としてのオートキャンプ——日本におけるオートキャンプ・ブームの発生要因について（上）．麗澤大学紀要 99：51-57．

長谷川教佐 2017．新しい家族旅行としてのオートキャンプ——日本におけるオートキャンプ・ブームの発生要因について（下）．麗澤大学紀要 100：55-62．

原田曜平 2015．若者の「ぼっち消費」を読むマーケティング——ソーシャルメディアでつながる「おひとりさま」のニーズとは．りそなーれ（りそな総合研究所）13（12）：7-10．

半場則行 1991．農山村における基幹産業の衰退と地域振興．人文地理 43：566-582．

前野淳一郎 1980．全国キャンプ場の実態調査．レクリエーション研究 7：72-79．

8 章

若者サッカーファンとスポーツツーリズム
──盛り上がる J リーグ観戦──

キーワード：スポーツツーリズム，サッカー観戦，J リーグ

　多様化する観光形態の中で近年注目が高まっているのが「スポーツツーリズム」である。2019 年のラグビー W 杯の成功を受け，今後も国際的なスポーツイベントの日本開催による，スポーツ観戦を目的とした旅行者の増加が期待されている。しかし，2020 年現在では，新型コロナウイルスの影響により国際的な人々の移動は制限されているため，一刻も早い終息が望まれている。国としては，観光庁が 2011 年にスポーツツーリズム基本方針をとりまとめ，2012 年にはスポーツツーリズム推進機構が組織されるなど，推進体制の整備も進んでいる。また，各地域においても，スポーツツーリズムを主導する組織であるスポーツコミッション[1]に対する期待が高まっている（原田 2015）。地域としてスポーツツーリズムの推進体制が整い，今後の国際的なイベントを経て，スポーツツーリズムへの注目はますます加速していくだろう。

　本章では，スポーツツーリズムの中でも，主に若者のサッカー観戦について取り上げる。J リーグの観戦者への調査（青木 2014）では，全年代の中でも特に 18 歳から 25 歳の若者が「自分は J リーグにとても入れ込んでいる」と回答しており，J リーグに最も熱中しているのは若者であるといえる。なお「J リーグ」と一言で表されているが，その対象は必ずしもサッカーのリーグ（試合）のことではなく，クラブ，選手，スタジアム，グルメ，マスコットなどの複合的な要素によって J リーグは構成されており，若者が J リーグに熱中する要因は様々である。また，J リーグ観戦者のアウェイゲーム観戦経験についても，男性の 18 - 25 歳，26 - 29 歳，女性の 26 - 29 歳といった若者が比較的高い割合

でアウェイゲームを観戦している。アウェイゲームは長距離移動を伴い，観光と位置づけられることが多いため，この結果をふまえ，若者は観光業界にとって重要な層であると指摘されている（青木 2014）。なぜ若者がＪリーグに熱中するのか，若者のアウェイゲーム観戦時の観光行動にはどのような特徴があるのかについて，スポーツツーリズムの考え方を整理した上で解説する。

1 スポーツツーリズムの考え方

(1) スポーツツーリズムの定義と分類

　スポーツツーリズムの定義は様々である（工藤 2015）。ホール（Hall 1992）はスポーツツーリズムを「自宅周辺から離れてスポーツ活動に参加，または観戦する，非商業的な旅行」としている。また，ウィードとブル（Weed and Bull 1997）は「観戦するか参加するかしてスポーツ活動に関わる休日」と定義している。これらにおいて共通するのは，スポーツを「観戦する」場合と，自身がスポーツに「参加する」場合の二つをスポーツツーリズムの対象としている点である。また，ギブソン（Gibson 1998）は観戦と参加に加えて，スポーツに関連する展示を見物することもスポーツツーリズムの一つであるとしている。

　他方で，観光庁（2011）はスポーツツーリズムを，「スポーツを「観る」「する」ための旅行そのものや周辺地域観光」，「スポーツを「支える」人々との交流やスポーツに親しむことのできる環境の整備」などのあらゆる活動を包含した，「複合的でこれまでにない「豊かな旅行スタイルの創造」を目指すもの」と述べている。ここでは，先行研究に共通していた観戦や参加に加え，「支える」という新たな概念が登場している。

　スポーツツーリズムの分類については，ギブソン（Gibson 1998）はスポーツツーリズムをイベント型，アクティブ型，郷愁型の三つに分類している。この分類についてはスポーツツーリズム市場の理解や細分化に効果的であるとして，頻繁に援用されている（Hinch and Higham 2011）。日本国内においても，これと同様の構造をもつ原田（2003）による分類が多く用いられている。近年では，ヒンチほか（Hinch et al. 2014）がイベント型を観戦イベント型と参加イベント型に細分化し，郷愁型を文化遺産型に置き換えるなど，分類を変更している。

　以上をふまえ，本章ではスポーツツーリズムの分類を**図 8-1** のように整理

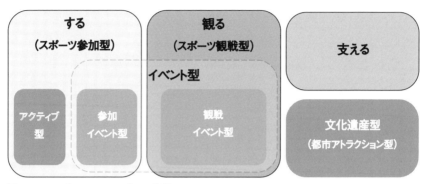

図 8-1　スポーツツーリズムの分類

した。アクティブ型と参加イベント型は同じ「する」スポーツを対象にしているが，アクティブ型は「スポーツ」を，参加イベント型は「スポーツイベント」を対象にしている。スポーツとは，個人や仲間，団体などが学校の授業で行ったり，または個人的に楽しんだりする競技としての運動を指し，スポーツイベントとは，個人的・仲間内だけでは実施できない公の大会や規模の大きな試合であり，競技者の他に観客という存在が加わる広く開かれた催事・行事を指す（岡星 2015）。つまり，アクティブ型は個人や仲間内で比較的自由に行われるが，参加イベント型はイベント主催者や観客がいることで成立する点が大きな違いである。

(2) スポーツツーリズムの事例

　本項では，前述のヒンチほか（Hinch et al. 2014）の分類に基づいて，国内のスポーツツーリズムの事例について概観していく。

　まず，アクティブ型のスポーツツーリズムの例としてはスキー旅行が取り上げられることが多い。これは自身がスポーツに参加することが前提となり，その対象にイベントや大会は含まれない。つまりイベントや大会のように「その時，その場所でしか開催されない」という誘因がない。しかし，一般的にスキーを行う際には，積雪地域の整備されたスキー場に訪れる必要があるため，多くの地域の人々にとってスキーはする場所が限られたスポーツである。また，雪の降る季節にのみ楽しめるという季節性もあり，イベントや大会と類似した

誘因をもつスポーツといえるだろう。

　一方で，同じスノースポーツのスノーボードは若者に特化したスポーツである。スキーが 40 代を頂点に 50 代，60 代の参加率が高いのに対し，スノーボードは 20 代，30 代の参加率が高く，50 代以上の参加者は 0% に近い（日本生産性本部 2017）。スノースポーツの参加人口は 1990 年台のピーク時と比較すると減少傾向にあり（日本生産性本部 2017），そうした現状を打破する手段の一つとして，生涯通じてのリピートが期待される若者の参加人口の増加が期待されている。このことからも，今後スノーボードへの注目は高まっていくだろう。また，ダイビングなどのマリンスポーツもスノースポーツと同様に場所の限定性や季節性を有し，若者に人気のスポーツである。

　次に，参加イベント型の事例に着目する。青木（2015）は参加型イベントの例としてマラソン，トレイルランニング大会，スキーイベント，ゴルフイベント，ウォーキング大会，サイクリングイベントなどを挙げている。これらのイベントの中でも特に，マラソン大会については大量の参加者を集めることが可能であり，東京マラソン 2017 の経済波及効果は 165.9 億円（東京マラソン財団 2017），第 32 回 NAHA マラソンの経済波及効果は約 19.8 億円（りゅうぎん総合研究所 2017）など，大会主催地域にとっては高い経済波及効果の期待できるイベントとなっている。また，ウォーキングやサイクリングイベントについても，スポーツ文化ツーリズムアワードにおいて複数の事例が表彰されるなど，スポーツと文化資源を組み合わせることで地域への好影響が期待できるとされている。

　上記の大会やイベントは 30 代，40 代を中心に幅広い年代の人々が参加するイベントであり，参加型イベントに関しては，これらのイベントへ参加者が集中しているのが現状である。そのため，参加型イベントについては若者に関連する特筆すべき事例は見当たらない。ただし，アクティブ型もしくは観戦イベント型である都市型スポーツ（BMX，スケボー，クライミングなど）が，今後の成長（知名度向上，競技人口増加）によっては，若者を多く集める参加イベントになっていく可能性がある。

　最後に，観戦イベント型の事例について述べる。青木（2015）は，観戦型イベントの例としてオリンピックやラグビーワールドカップなどの国際的なスポーツイベント，プロサッカーやゴルフトーナメント，テニストーナメントなどのプロスポーツイベント，フィギュアスケート大会や高校野球（甲子園）などの

アマチュアスポーツイベントを挙げている。オリンピックやワールドカップの
ような国際的なイベントにおいては，特定の競技や選手の人気などに左右され
ることなく，膨大な数の人々が観戦に訪れるため，イベントのもたらす効果へ
の期待も大きく，観戦イベント型の研究の大部分は国際的なスポーツイベント
に関する研究が占めている（Hinch et al. 2014）。一方で，その他のプロスポーツ
イベントやアマチュアスポーツイベントについては，特定のチームや選手を応
援するために試合観戦に訪れる人が多く，競技によって観客数や客層，観戦の
スタイルなどは様々である。

2 若者Jリーグ観戦者の観光行動

　本節では，若者の観戦イベント型ツーリズムの事例としてJリーグを取り上
げ，若者がJリーグのサッカー観戦に熱中する要因や，試合観戦以外の観光行
動について解説する。

(1) Jリーグと観光

　はじめに，Jリーグと観光（ツーリズム）の関係について整理する。前述のよ
うに観戦型イベントは多岐にわたるが，それらの中でも代表例として挙げられ
るのがプロスポーツイベントであろう。中央調査社（2017）によると，日本にお
いて最も人気のプロスポーツはプロ野球であり，プロサッカー，大相撲，プロ
テニスなども一定の人気をもつプロスポーツである。これらの中でもプロサッ
カーは以下の特徴から特に観光（ツーリズム）との関係性が強いと考えられる。
　まず，日本のプロサッカーリーグであるJリーグのクラブは，2021年現在，
J1，J2，J3を合わせると40都道府県にクラブが所在している。このことから
サッカー観戦をきっかけに多くの人々が地域間を移動することが見込まれる。
これに対して，日本のプロ野球の球団は全12球団であり，東京都に2球団が所
在しているため，11都道府県に所在している。また，大相撲の本場所や，プロ
テニスのプロツアーの会場は非常に限られており，他の人気スポーツと比較し
ても，Jリーグは多くの地域間を人々が行き交うきっかけとなるといえるだろ
う。また，プロ野球とは異なり，毎年J1，J2，J3の間でチームの入れ替えがあ
るため，応援するクラブの試合の開催地が1年ごとに変化するという点も，

ファンやサポーターが試合会場へと足を運ぶ誘因の一つであろう。

　スポーツツーリズムは試合観戦のみでも成立するが，経済波及効果など，スポーツツーリズムに期待される効果の観点から考えると，観戦者には，試合観戦を主目的にしつつも，一般的な旅行者と同様に，現地での宿泊，移動，消費行動などが期待されていると考えられる。青木（2014）によると，Ｊリーグ観戦者の感じるアウェイ観戦の面白さとして，「その土地の観光ができる」，「その土地のグルメやお酒を楽しめる」が上位に挙げられており，試合観戦だけでなく，それ以外の経済波及効果の創出も期待できる。

　以上のように，Ｊリーグは他の人気スポーツと比較しても，多くの地域間で人々の移動を創出し，現地での試合観戦以外の観光行動による経済波及効果も期待できるため，日本国内における観戦イベント型ツーリズムの代表的な事例の一つであると考えられる。

(2) 若者にとってのＪリーグ観戦の魅力

　本章の冒頭でも述べた通り，Ｊリーグ観戦者の中で最もＪリーグに熱中しているのが若者である。Ｊリーグに熱中する最も大きな要因は男女で異なり，男性は「好きなクラブができた」こと，女性は「好きな選手」ができたことである（青木 2014）。また，Ｊリーグの観戦動機に関する研究においても，男性に比べて女性はクラブだけでなく選手に対しても愛着を形成する観戦者が多いとされている（仲澤ほか 2014）。実際にＪリーグ公式サイトが「Ｊリーグの楽しみ方」として「イケメンＪリーガー特集」を組んでいることや，株式会社リクルートライフスタイルによって，「イケメンＪリーガー選手権」が継続的に開催されている。このイケメンＪリーガー選手権では，鹿島アントラーズの選手が5年連続で優勝しているが，鹿島アントラーズは若者ファンの比率が最も高いクラブであり（Ｊリーグ 2019），若者にとって，魅力的な選手の存在がスタジアムへ訪れる動機となっていることが推察される。

　しかし，好きなクラブや選手の試合を観るだけであれば，必ずしもスタジアムを訪れる必要はない。それではなぜ，多くのファンはスタジアムに訪れるのだろうか。若者のＪリーグ観戦に対するイメージ調査では，「テレビで見るよりも迫力・臨場感がある」ことが魅力として最も多く挙げられている（青木 2014）。このことから，迫力や臨場感がテレビではなくスタジアムで試合を観戦

する最大の要因であると考えられるが，その他にも，直接サッカーや選手とは関係のない「スタジアムでのイベントやグルメ企画が魅力的」なことがJリーグ観戦の魅力として挙げられている。

Jリーグの試合時にはサッカー以外にも来場者を楽しませるためのイベントが行われている。例えば，アメリカのNBAやNFLでも行われているような，空き時間でのアーティストによるライブは多くの試合で行われている。そうした中で特徴的なイベントを行い続けているのが川崎フロンターレである。川崎フロンターレのホームスタジアムである等々力陸上競技場では，試合開催時にフォーミュラーカーがスタジアムの陸上トラックを走るイベントや，NASA（アメリカ航空宇宙局）が管制するISS（国際宇宙ステーション）との生交信イベント，ゲーム会社と協力した「KAWASAKI GAME SHOW」などの斬新なイベントが行われてきた。その他には，横浜F・マリノスなどが行う，照明を暗転させペンライトやスマートフォンによってスタジアムを彩る光の演出もスタジアムでの試合観戦の魅力向上に寄与していると考えられる。

また前述のように，Jリーグは日本の40都道府県にクラブが所在する地域性の高いプロスポーツであり，各スタジアムではスタジアムグルメ（通称スタグル）と呼ばれる，その地域の特産品やB級グルメ，スタジアム独自で提供される名物を食べることができる。Jリーグでは年に1度，各クラブのスタジアムグルメを一つの会場で食べることができるイベントを開催しており，サッカーファンにとってスタジアムグルメが魅力的なコンテンツであることがうかがえる。どのクラブのスタジアムグルメが魅力的であるかを決める「スタグル総選挙」も行われており，50以上のクラブの中で1位が湘南，2位が鹿島，3位が千葉と上位を東京大都市圏のクラブが独占する形となっている（ELGOLAZO 2020）。

スタジアムグルメと同様に，各クラブのマスコットが一つのスタジアムに集結するイベントも開催されている。このイベントでは，全マスコットとの集合写真撮影ができるチケットが3万円，特設会場でのマスコットグリーティングができるチケットが5000円と，試合の金額を上回る価格で販売されているが，チケットの当選倍率は約5倍の人気となっている。このことから各クラブのマスコットもサッカーファンにとって魅力的なコンテンツであり，特に写真撮影を重要視する若者に好まれるコンテンツであるといえるだろう。

(3) 若者のJリーグ観戦に伴う観光行動

　ここからは，Jリーグ観戦者を対象に行ったアンケート調査の結果をもとに，若者サッカー観戦者の試合観戦以外の観光行動の実施要因について分析する。分析には，筆者が2016年に行った「Jリーグクラブファン／サポーターのアウェイゲーム観戦時の観光行動に関する調査」のデータを使用する。この調査はJリーグクラブファン／サポーターを対象に，2015シーズンのJ1およびJ2のアウェイゲーム観戦時の観光行動（試合観戦を除く）の有無等を調査したものである。アウェイゲームとは，応援するクラブの本拠地以外で開催される試合のことである。逆に本拠地開催の試合をホームゲームと呼ぶ。ホームゲームと違い，アウェイゲーム観戦では，非日常圏となる地域での観光消費が楽しみの一つとなるため，若者サッカー観戦者による地域への経済波及効果の可能性について検討できる。

　調査はWebアンケート形式で行い，445試合分のアウェイゲーム観戦時のデータ（以下，観戦データ）を収集した。この445件の観戦データから，回答者の年齢が10代と20代に当たるデータを抽出した結果，375件となった。さらに，観戦データを回答者の居住地が東京大都市圏とそれ以外の場合に分類した結果，データ数はそれぞれ143件，232件となった。

　若者サッカー観戦者のファン歴と年間アウェイゲーム観戦数をみてみる（図8-2，図8-3）。東京大都市圏に住む若者の場合，ファン歴10年以上という回答が79%を，年間アウェイゲーム観戦数が6試合以上という回答が67%を占めていた。一般的にホームゲームよりも観戦するための障壁が多いとされるアウェイゲームを年間6試合以上観戦している観戦者は，ホームゲームを合わせると年間12試合以上を観戦している可能性が高く，これら若者の多くは「ミドル・ヘビー層」であると考えられる。一方で，年間アウェイゲーム観戦数が5試合以下となる「ライト層」は，東京大都市圏とそれ以外でともに3割前後いた。しかし，京阪神大都市圏に絞ると47.5%にもなることから，東京大都市圏以外に関しては，実際には地域差が大きい。

　前述のデータをもとに，アウェイゲーム観戦者によるスタジアム外での観光行動の実施状況を調べた。アウェイゲームを観戦した若者のうち，試合観戦以外の観光行動を実施した人の割合（観光行動実施率）は全体で23.2%となった。

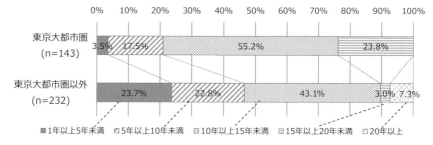

図 8 - 2　居住地ごとのファン歴

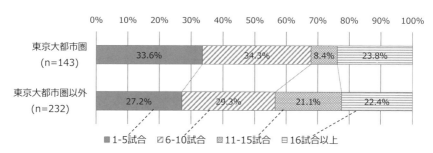

図 8 - 3　居住地ごとの年間アウェイゲーム観戦数

したがって，若者の約 5 人に 1 人がスタジアムでの試合観戦だけでなく，地域で他の観光行動をしたことになる。しかし，若者の居住地や目的地によって，観光行動実施率は大きく異なる。

　例えば，東京大都市圏に住む若者に着目すると，アウェイゲーム観戦の目的地が同一圏内にある近場のスタジアムである場合，観光行動実施率が 6% と非常に値が低いが，圏外の遠方にある地域を試合観戦のために訪れた場合の観光行動実施率は 39% にもなる。東京大都市圏にあるサッカークラブのホームスタジアムは，茨城県立カシマサッカースタジアムを除いて，東京駅から約 50km 圏内に立地している（**図 8 - 4**）。この地域範囲では居住人口が多く，鉄道や自動車道などの交通インフラがよく整備されている。そのため，東京大都市圏に住む多くの若者にとって，自宅と試合観戦のための目的地との物理的・時間的距離は短い。近いからこそ，日帰りや短時間での試合観戦はするものの，ついでに地域観光をしようという気分にまでならないのであろう。逆に，彼ら

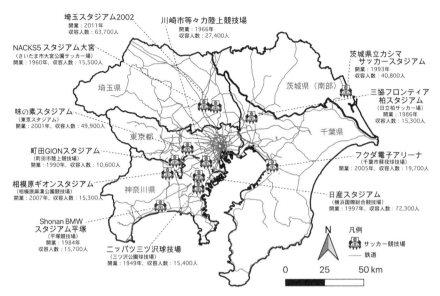

図 8-4　東京大都市圏のサッカークラブのホームスタジアム (志摩・宮吉 2018 を基に作成)

が試合観戦のために圏外にある遠方の目的地へ旅行する場合は，かかるコスト
に見合うだけの価値を得るために，旅行先での地域観光を楽しもうとするので
ある。

　東京大都市圏の外から当該圏内を訪れた若者サッカー観戦者に関しても，観
光行動実施率は 15.7% と全体傾向よりも低い。この要因としては，東京大都
市圏には J リーグクラブが密集しているため，ファン歴が長く年間観戦数の多
い「ミドル・ヘビー層」が中心となる回答者は，過去に何度も東京大都市圏を
訪れており，あえて観光をしなかった可能性が考えられる。「ライト層」の多
かった京阪神大都市圏に住む若者の，東京大都市圏での観光行動実施率
（28.6%）が全体より高かったことからも，年間試合観戦数に起因する過去の来
訪経験が観光行動の有無に影響を与えていると考えられる。

3　スポーツツーリズム振興における若者の可能性

　本章ではスポーツツーリズムの例として J リーグを取り上げ，若者の観戦イ

ベント型スポーツツーリズムの実態について解説してきた。まず，若者がＪリーグのサッカー観戦に訪れる要因として，競技自体の魅力に加え，競技とは直接関係のない魅力が存在することが明らかとなった。競技自体の魅力については競技者に依存する部分が大きいが，それ以外の魅力については，企業や地域の戦略によって比較的容易に改善することができる。つまり，若者ファンを増やすことについては，競技自体のコアなファンを増やすことについてよりも，有効なアプローチの方法が多いといえる。例えば，前述の川崎フロンターレや横浜Ｆ・マリノスのように，競技とは直接関係ないが話題性があり，「他の人と共有したい」と思わせるイベントを積極的に行うことが有効だろう。高齢のファンと若者の大きな違いはSNSなどのソーシャルメディアを通じた発信力であり，イベントの写真や感想がSNSに投稿されることで，競技以外の面で「スタジアムに行くと楽しそう」という雰囲気を醸成することが可能である。また，グルメやマスコットといったコンテンツはもともとSNSとの親和性が高く，さらなる工夫により，スタジアムに訪れた若者が新たな誘客を促すという好循環が期待できる。魅力的なコンテンツの創出は全年代に向けた訴求要素となるが，さらなる誘客には，いかにして若者が発信したいと感じるコンテンツを創出するかが一つの鍵となるだろう。

　若者サッカー観戦者の行動分析では，若者が遠方の地域を訪れる際に，試合観戦以外に地域観光をする場合が多いことが明らかになった。つまり，東京大都市圏から遠く離れた地域では，東京大都市圏にあるクラブにとってのアウェイゲームが開催される際に，観光消費などの経済波及効果が期待できる。特に，自由に使える時間やお金が比較的多い，単身者の若者は重要なターゲットといえるだろう。一方で，東京大都市圏の場合，新たな若者サッカーファンやライト層の集客が課題といえそうだが，これは上述したように，Ｊリーグクラブと開催地域などの協力のもと，戦略的な誘客を行うことが望まれる。

　加えて，若者のサッカー観戦における障壁を緩和する施策も有効であろう。例えば，現在，株式会社リクルートの旅行情報サイト「じゃらんnet」が，19 - 22歳の若者を対象にした様々なレジャー体験を促進する「マジ☆部」事業の一つとして，全国のＪリーグ観戦の無料チケットを提供する「Ｊマジ！」を2013年５月から運営している。このようなサービスは，大学生など時間はあるがお金のない若者に強く訴求するとともに，サッカー観戦参入への大きなきっかけ

をつくる。

　若者は競技以外の要因による誘客が可能であり，さらなる誘客を促進する存在でもあることから，観戦イベント型ツーリズムにおいて重要な役割を担っているといえる。これはJリーグに限定されたものではなく，スポーツツーリズム全体においても，若者は競技以外の魅力を発掘し発信する役割を担い，スポーツ観戦以外の観光行動による経済波及効果が期待できることから，今後の発展の鍵を握る存在として位置づけられる。

(1)「スポーツ競技団体やスポーツイベントのライツホルダー（興行団体）と，都市（自治体）をつなぐ「インターフェース」の役割を果たし，スポーツイベントがもたらすさまざまな果実（消費誘導効果，都市の知名度アップ，地域連帯感の向上，社会資本の蓄積など）を最大化することを目的とした組織のこと。」（原田 2015）
(2) Jマジ！ https://majibu.jp/jmaji/pc/index.html（最終閲覧日：2021年2月12日）

■参考文献

青木淑浩 2015．スポーツイベントツアーの形態．日本スポーツツーリズム推進機構編『スポーツツーリズム・ハンドブック』98-100．学芸出版社．

青木理恵 2014．若年層ファンを獲得するには？「Jリーグ観戦実態調査」．とーりまかし 35：9-15．

岡星竜美 2015．スポーツイベント業．日本スポーツツーリズム推進機構編『スポーツツーリズム・ハンドブック』72-76．学芸出版社．

観光庁 2011．スポーツツーリズム推進基本方針～スポーツで旅を楽しむ国・ニッポン～．http://www.mlit.go.jp/common/000160526.pdf（最終閲覧日：2021年2月12日）

工藤康宏 2015．スポーツツーリズムの今．日本スポーツツーリズム推進機構編『スポーツツーリズム・ハンドブック』12-19．学芸出版社．

Jリーグ 2019．Jリーグ スタジアム観戦者調査 2019 サマリーレポート．https://www.jleague.jp/docs/aboutj/funsurvey-2019.pdf（最終閲覧日：2021年2月12日）

志摩憲寿・宮吉悠太 2018．Jリーグ全ホームスタジアムの施設特性と立地特性に関する基礎研究．都市計画論文集 53(3)：943-950．

中央調査社 2017．第25回「人気スポーツ」調査．http://www.crs.or.jp/data/pdf/sports17.pdf（最終閲覧日：2021年2月12日）

東京マラソン財団 2017．東京マラソン 2017 の経済波及効果．http://www.marathon.

tokyo/news/detail/images/EconomicImpactOfTheTokyoMarathon2017.pdf（最終閲覧日：2021 年 2 月 12 日）

仲澤眞・吉田政幸・岩村聡 2014．Ｊリーグ観戦者の動機因子――Ｊリーグの導入期における二次的データの検証．スポーツマネジメント研究 6(1)：17-35.

二宮浩彰 2015．スポーツツーリストの意思決定メカニズム．日本スポーツツーリズム推進機構編『スポーツツーリズム・ハンドブック』54-61．学芸出版社.

日本生産性本部 2017．『レジャー白書 2017』日本生産性本部.

原田宗彦 2003．スポーツツーリズムと都市経営．原田宗彦編『スポーツ産業論入門第 3 版』263-273．杏林書院.

原田宗彦 2015．スポーツツーリズムのこれから．日本スポーツツーリズム推進機構編『スポーツツーリズム・ハンドブック』20-28．学芸出版社.

りゅうぎん総合研究所 2017．第 32 回 NAHA マラソンの経済波及効果．http://www.ryugin-ri.co.jp/wp-content/uploads/2017/06/1706nahamarasonnokeizaikouka.pdf（最終閲覧日：2021 年 2 月 12 日）

ELGOLAZO 2020．スタグル充実 No. 1 はどこだ!?．2020 年 3 月 6 日発売号，13.

Gibson, H.J. 1998. Sport tourism: a critical analysis of research. *Sport Management Review* 1: 45-76.

Hall, C.M. 1992. Adventure, sport and health tourism. In *Special interest tourism*, Weiler, B, Hall, C.M. 141-158. London: Belhaven Press.

Hinch, T. & Higham, J. 2011. *Sport tourism development*. Channel view publications.

Hinch, T., Higham, J. and Sant, S. L. 2014 Taking stock of sport tourism research. In *The Wiley Blackwell companion to tourism*, ed. A. A. Lew et al. 413-426. John Wiley & Sons.

Weed, M.E., Bull, C.J. 1997. Influences on sport tourism relations in Britain: the effects of government policy. *Tourism Recreation Research* 22(2): 5-12.

9章

若者の都市型フードツーリズム
──クラフトビールイベントを事例に──

**キーワード：クラフトビール，イベント，ビアスタイル，都市型フードツーリ
ズム**

　ビールの消費量が減少している日本においてもクラフトビールの人気が高ま
りをみせている。クラフトビールとは，その定義について様々な議論がなされ
ているが，概して大手のビール会社からは独立した醸造所において小規模な醸
造設備を利用して醸造されるビール（発泡酒を含む）のことである。クラフト
ビールには造り手の創意工夫が大いに反映されており，そのようにして造られ
る個性的かつ多様なビールが人々の人気を集めているのである。また，近年で
は大手のビール会社もクラフトビールの動向に注目する向きもみられ，スペ
シャルビールとしてクラフトビールにインスパイアされた個性的なビールを出
しはじめている。これも，クラフトビール人気を裏づける事柄となっている。
　このようなクラフトビールに関する状況を受け，クラフトビールをテーマと
したイベントもまた全国各地で開催されるようになった。そのような食をテー
マとするイベントは単なるプロモーションだけではなく，開催者側からは地域
活性化の手段として，参加者の視点からは食を通じた非日常空間を楽しむ観光
形態であるフードツーリズムの場としても注目されている（Hall and Mitchell
2008; Everett 2016）。また，特定のお酒をテーマとしたイベントの中でも，ドイ
ツのオクトーバーフェストやイギリスのグレートブリティッシュビアフェス
ティバルなどのようにビールに関するものはとりわけ人気がある（Wilson
2006）。その傾向は日本においても同様であり，クラフトビールに関するイベン
トは，ビール離れが進んでいるといわれる若者をも集客しており，若者のイベ

ントとしての様相もみせている。そこで，本章ではイベントの集積がみられる東京都を対象として，クラフトビールイベントの展開と若者のクラフトビール消費行動の関係性について，フードツーリズムの観点から一考察を試みる。

1 日本におけるクラフトビールの歴史

　日本におけるクラフトビールは酒税法に関連して出現した。日本の酒税法では，酒類ごとに製造免許に対する最低醸造数量基準が設定されている。ビールに関しては，1959 年以来，最低醸造数量基準が年間 2000kl と設定されてきた。この数量は大規模な工場設備を必要とするものであり，大手以外のビール会社参入は困難であることを意味していた。

　しかし，1993 年，当時の細川内閣による緊急経済対策の一環として，新規事業の創出や事業の拡大の公的規制の緩和が目指されると，1994 年に酒税法の一部改正が行われ，最低醸造数量基準が 60kl にまで引き下げられた（黄金井 2012）。その結果，1994 年度に改正後の酒税法に基づいてビール醸造免許を取得した上原酒造（エチゴビール），オホーツクビール，隅田川ブルーイングなどの 6 か所を皮切りとして，日本全国に小規模のビール醸造所が出現するようになった。その後，小規模ビール醸造所は地域経済の活性化をもたらす新たな商材として地方都市や観光地でもてはやされ，その数は急速に増加して 1996 年には 103 か所，1999 年には 264 か所を数えるまでになった。そのような小規模醸造所で製造されるビールは，日本各地の酒蔵で醸される日本酒である「地酒」に対して「地ビール」と呼ばれた。その後，一部の醸造所は品質が伴わなかったことから淘汰されていったが，2010 年頃よりアメリカが中心となる世界的なクラフトビールの流行が日本にも波及し，一般にも地ビールとしてよりもクラフトビールとしての名が浸透するようになった。新規参入する業者も再び増加し，スパイスやフルーツなどの副原料を使用したり，強い酸味が特徴のサワービールを醸造したりする前衛的な醸造所も出てきた。日本地ビール協会のデータによると，2017 年現在全国に 274 か所のビール醸造所が存在しているとされる（日本地ビール協会 2017）。

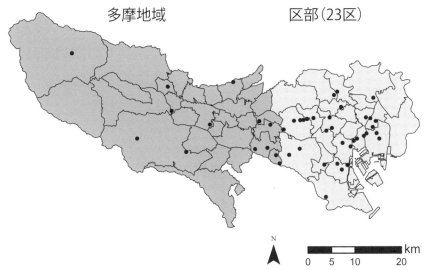

多摩地域　　　　　　　区部（23区）

図 9-1　東京都におけるビール醸造所の分布　島嶼部を除く，2018 年 3 月 31 日時点，発泡
酒免許含む（国税庁「酒類製造免許の新規取得者名等一覧（東京都）」データより作成）

2 東京におけるクラフトビールの現状

(1) クラフトビール醸造の展開

　東京都におけるクラフトビール醸造の歴史は，1994 年の酒税法改正後に隅田
川ブルーイングとホッピービバレッジがビール醸造を開始したことに始まる。
その後 2000 年代にかけて，数か所の醸造所が開業したのみで，とりわけ大きな
進展はなかった。しかし，2010 年代，とりわけ 2013 年以降急速に醸造所が増
加し，2018 年 3 月現在で都内に 46 か所の醸造所が存在している。東京都にお
ける小規模ビール醸造所の分布を示した**図 9-1** をみると，とりわけ 23 区西部
および南部に集中していることがわかる。そこは，武蔵野台地の東端で明治期
以降に高級住宅地となってきた，いわゆる「山の手」と，近年の高所得者層の
流入によりジェントリフィケーションの様相もみられる臨海部であり，医師や
弁護士などの専門的職種のホワイトカラー層が比較的多く居住する地域である。
つまり，クラフトビール醸造所の立地はそのようなホワイトカラー層を潜在的

な消費者とする基盤の上に成り立っていることを示している。その一方で，東京都西半分を意味する多摩地域においても13か所の醸造所が立地している。1990年代に限ってみると，5か所存在していた醸造所のうち3か所が多摩地域に立地しており，比較的早い時期からクラフトビールが地域に浸透していたことがうかがわれる。

(2) クラフトビールイベント

　ビールの造り手側の地域的展開がみられる一方で，造り手と消費者を結ぶイベントも広がりをみせている。メリ（Meli 2013）によると，日本におけるクラフトビールイベントには大きく五つのタイプがある（**表 9-1**）。一つ目は，ビアフェスである。ビアフェスは日本地ビール協会（Craft Beer Association）主催の試飲イベントであり，年1回東京，横浜，名古屋，大阪，那覇の5都市で開催される。そこでは，20-50か所の醸造所が出展し，およそ150-200銘柄のビールを試飲することができる。二つ目は，醸造所や販売業者によって主催される小規模イベントである。これは，複数の醸造所が参加し，およそ20-40銘柄のビールを試飲できるイベントである。三つ目は，醸造所や販売業者によって主催される大規模イベントである。これは，二つ目のタイプと同様の開催形態であるが，より地域を意識したものも含まれるとされる。四つ目は，海外のクラフトビールを扱うイベントである。近年，全国各地に展開しているドイツビールをテーマとしたオクトーバーフェストや，ベルギービールをテーマとするベルギービールウィークエンドなどが該当する。そして，五つ目は各醸造所独自の小規模イベントである。醸造所のオープンデーや，醸造所が主催する周年イベントなどがこれに当たる。

表 9-1　日本のクラフトビールイベントの分類（Meli 2013 より筆者作成）

	イベントの種類	参加醸造所	イベント規模	試飲可能銘柄数
タイプ1	ビアフェス	複数	大規模	150-200
タイプ2	小規模イベント	複数	小規模	20-40
タイプ3	大規模イベント	複数	大規模	40-
タイプ4	海外のクラフトビールのイベント	複数	大規模	イベントによる
タイプ5	各醸造所独自の小規模イベント	単体	小規模	イベントによる

では，東京都内では実際にどのようなクラフトビールイベントが行われているのだろうか。**表9-2**は東京都内において複数年度にわたって定期開催されているクラフトビールイベントを示したものである。それによると，東京都下においては，およそ年間10件ほどの定期イベントが開催されている。まず，東京都において最も歴史のあるクラフトビールイベントが「ビアフェス東京」である。ビアフェス東京は日本地ビール協会主催の全国イベント「ビアフェス」

表9-2　東京都における定期開催のクラフトビールイベント

イベント名	開催地	開始年	表9-1での分類	特徴
ビアフェス東京	目黒区	1998	タイプ1	最も古いクラフトビールイベント。ビールを学習するツアーを行っている。
ニッポンクラフトビアフェスティバル	墨田区，千代田区	2006	タイプ3	年3回開催され，日本のクラフトビールのイベントとしては最大級である。
オクトーバーフェスト	千代田区，江東区	2006	タイプ4	ドイツビールをテーマとしたビールイベント。ドイツの民族音楽の演奏もある。
ふるさと祭り東京	文京区	2009	タイプ3	全国各地の祭りと名産品のイベントであるが，その中にクラフトブルワリーも出店する。
ベルギービールウィークエンド	港区	2010	タイプ4	ベルギービールをテーマとしたビールイベント。ベルギーのアーティストによるライブ演奏もある。
ビアワングランプリフェスティバル	墨田区	2014	タイプ3	プロの審査会が並行して行われ，一般の参加者も気に入ったビールに投票できる。
大江戸ビール祭り	品川区	2015	タイプ3	年2-3回の複数回開催。海外のクラフトビールも出店する。
アメリカンクラフトビアエクスペリエンス	港区	2015	タイプ4	アメリカのクラフトビールをテーマとしたイベント。
フレッシュホップフェスト	渋谷区	2015	タイプ5	日本産のホップを使用したビールをテーマとしたイベント。
むさし府中ビール祭り	府中市	2016	タイプ3	多摩地域で開催される，多摩地域のブルワリーを中心としたイベント。

の一つであり，その中でも最大のイベントである。全国から40か所前後の醸造所が出展し，100銘柄程度のビールを楽しむことができる。このイベントでは，日本地ビール協会公認のビール審査員であるビアジャッジによる料理とビールのペアリング講座や，各醸造所のブースをめぐりながらビアスタイルについて学ぶことのできるツアーなどを行っており，ビールのことをより深く知りたいという若者に人気を博している。

「ニッポンクラフトビアフェスティバル」は，NPO法人日本の地ビールを支援する会が中心のニッポンクラフトビアフェスティバル実行委員の主催する全国イベントであり，神奈川県三浦市と横浜市の他，東京では年3回千代田区と墨田区で行われている。日本のクラフトビールに関連するイベントとしては最大級であり，20か所50銘柄以上のビールを試飲することができる。

また，醸造所が主催するイベントとしては「フレッシュホップフェスト」がある。フレッシュホップフェストは，スプリングバレーブルワリーが主催する国内産のホップを使用したビールをテーマとするイベントである。2017年は31か所の出展があり，その年収穫されたホップを使用したビールを試飲できるのみならず，醸造所の立地する地域の食材を使用した料理を楽しむこともできる。また，ホップ技術師によるレクチャーやホップ畑のVR体験などのアトラクションが用意されており，普段なじみの少ないホップという植物について五感を使いながら学ぶことができるような工夫がなされている。2017年度からは，スプリングバレーブルワリーだけではなく，協賛する全国のビール飲食店においても開催されるようになり，イベントの拡大がみられた。

2010年代以降に出現してきたイベントは従来のイベントとは異なり，よりテーマ性をもったものが多くなってきている。東京都内のイベントでは，海外のクラフトビールをテーマとするものが増加している。特に，近年拡大が著しいのが，オクトーバーフェストとベルギービールウィークエンドである。「オクトーバーフェスト」は，オクトーバーフェスト実行委員会が主催するドイツビールのイベントである。近年では仙台市や奈良市などの地方都市でも開催されるようになった他，東京都では日比谷公園やお台場のシンボルプロムナード公園を会場として年4回開催されている。会場では，ドイツ料理を提供する屋台や，ミュンヘンのオクトーバーフェストを彷彿とさせるドイツ人楽団による音楽ライブのステージも用意されている（**写真9-1**）。

写真 9 − 1　日比谷オクトーバーフェストの様子（2017 年 6 月
飯塚撮影）

　「ベルギービールウィークエンド」は，六本木ヒルズで開催されるベルギー
ビールをテーマとしたイベントである。近年では全国規模のイベントに拡大し，
東京以外に，名古屋，横浜，大阪，金沢，札幌，仙台，神戸の 7 都市で開催さ
れている。およそ 70 銘柄から 100 銘柄ほどのビールを試飲することができる
他，オクトーバーフェスト同様にベルギーのアーティストによる音楽ライブも
ある。

　さらに，近年は東京都内のイベントにおいても開催地に広がりがみられるよ
うになっており，定期開催のビールイベントのなかった多摩地域においても，
むさしの府中ビール祭りが 2016 年より開催されるようになった。また，多摩
地域においては，小規模なイベントや単発的なイベントを含めるとすでに多数
のイベントが開催されており，今後もイベントが拡大していくことが見込まれ
る。東京都におけるクラフトビールに関連するイベントは，都心に集中すると
いう偏在性があるものの，近年ではそれが変化しつつある。

　以上のように，東京都においては，様々なタイプのイベントが開催されてい
る。つまり，イベント内容に合わせたより幅広い顧客層を確保できることが分
かる。

3　ビールイベントと若者の観光空間

　ここまで，東京におけるクラフトビールとそれに関連するイベントの発展を俯瞰してきた。しかし，果たしてそれらのイベントが若者の観光行動にどのような影響を与えているのか，クラフトビール文化の消費の観点からみてみる。

　従来，日本においてビールとは大手ビール会社の製造する黄金色のラガービールであるピルスナースタイルのビールが中心であった。そこに多様なスタイルのクラフトビールが進出してきたことによって状況に変化がみえ始めている。ピルスナーという特定のスタイルにとらわれないクラフトビールの在り方は，形式にとらわれることを好まず，個性を大事にしようとする若者の感性や嗜好に合致し，彼らにとってのアイデンティティを示すためのフードアイテムとなっていったのである。そのトレンドは，若者の間でヒエラルキー構造をもってイノベーターから追随者にまで浸透していった。そして，その過程でクラフトビールイベントが大きな役割を果たしたと考えられる。

　クラフトビールイベントは彼らの消費欲を喚起させるものとして機能するだけではなく，トレンドを媒介するものとしても機能したのである。それは，2000年代後半以降にクラフトビールイベントが増加していることにも象徴される。つまり，クラフトビールイベントは，若者にとって気軽にトレンドに接触できる場所の一つとなったのである。さらに，若者の間にある程度クラフトビールというものが普及しはじめると，差別化やその他の選択肢を追求して，よりテーマ性のあるイベントが求められるようになった。それが，海外のクラフトビールをテーマとしたオクトーバーフェストやベルギービールウィークエンド，ホップという特定の原材料をテーマとするフレッシュホップフェストといったイベントである。また，日本のクラフトビールを扱うイベントも含め，いずれのイベントにおいてもSNSを活用することによって若者を取り込むことに成功している。これらのイベントは，食のアイテムとしてのクラフトビールを消費するようになった若者の動向を反映しており，いわば若者を消費者の中心とする新たなクラフトビール文化が形成されつつあることがうかがえる。

　さらに，近年ではクラフトビールイベントは都心以外の様々な地域で開催されるようになった。従来のビールイベントは東京都心部を中心に展開していた

のであるが，西部の多摩地域においても，むさしの府中ビール祭りが行われる
ようになった。このようなクラフトビールイベントの空間的拡大もまた，若者
がクラフトビールに接する機会を増やすことになり，結果として多くの若者を
クラフトビールに引きつけることにつながるのである。

　以上のようなクラフトビールイベントは，クラフトビールをテーマとして，
一時的に創出される非日常空間である。特に都心郊外に居住する若者にとって
東京都心部で行われるイベント自体が自身の日常生活圏を離れた非日常生活圏
での体験となる。また，普段クラフトビールに馴染みのない若者にとっては，
クラフトビール自体が非日常を演出するアイテムともなる。このような非日常
性を味わうという点においては，クラフトビールイベントに参加することは観
光（ツーリズム）の一形態としてみることができるであろう。このようなイベ
ントを通じた観光形態は，著名な飲食店を訪れ，洗練された「美食」を楽しむ
ガストロノミー中心であった従来の都市型フードツーリズムとは異なるもので
ある。それは，若者にとって，より気軽に，かつ効率的に新しい「食」体験を
することができるフードツーリズムの形態であるといえよう。また，このよう
な観光形態は，クラフトビールという流行の食のアイテムによるファッション
的要素と，仲間とともにイベント参加を楽しむという交流的要素とが共存して
おり，若者にとって非常に魅力的なものとなっている。このように，それらの
イベントに参加する若者は，まさにオルタナティブな都市型フードツーリズム
の構成要素として機能している。

■参考文献
黄金井康巳 2012. 地ビール業界の現況と展望. 日本醸造協会誌 107：11-18.
日本地ビール協会 2017.『CBA ニュースレター 2017 年秋号』.
Everett, S. 2016. *Food and Drink Tourism*: SAGE Publications.
Hall, C. M. and Sharples, L. 2008. *Food and Wine Festivals and Events*: Elsevier.
Meli, M. 2013. *Craft Beer in Japan*: Bright Wave Media.
Wilson,T.M. 2005. *Drinking Cultures*: Berg Publishers.

10 章

海外学生の教育とインバウンド観光
──訪日教育旅行の展開と東京の役割──

キーワード：訪日教育旅行，インバウンド観光，受入態勢，東京

　1990 年代以降，日本では観光立国の実現に向けた様々な施策が打ち出されている。とりわけ 2003 年以降は「ビジットジャパンキャンペーン」を中心とした訪日外国人旅行者誘致活動が強化され，2013 年に訪日外国人旅行者数が 1000 万人を突破し，2020 年までに 2000 万人とする目標が掲げられた（相ほか 2016）。このような状況下，2015 年には約 1970 万人もの訪日外国人旅行者数を記録し，1970 年以来 45 年ぶりに出国日本人数を上回った[1]。また，2016 年の訪日外国人旅行者数は前年比 21.8% 増の約 2400 万人であり，過去最高を更新した[2]。

　こうした訪日外国人旅行者数の大幅増に伴って，近年では多様な形態のインバウンド観光が推進されている。本章が取り上げる訪日教育旅行は，「明日の日本を支える観光ビジョン構想会議」において，観光先進国の確立に向けた施策項目として取り上げられている。現在日本で受け入れている教育旅行は，教師などの引率者と児童生徒で構成される団体旅行であり，加えて学校交流を含むことが一般的である。日本の修学旅行と比較すると，訪日教育旅行は全員参加が前提の学校行事ではなく，希望者だけが参加するといった相違点がある（観光庁・文部科学省 2015）。

　訪日教育旅行促進の意義として，受入地域におけるリピーターの獲得が挙げられる。子どもの頃の旅行経験はその後の旅行実施頻度に大きな影響を与えるため，将来の観光・レジャー産業の発展には若者の旅行の活性化が必要となる。訪日教育旅行は外国人児童生徒に日本の魅力に触れてもらう格好の機会を提供することができるため，将来的なリピーター獲得に貢献しうるものとして期待

されている。また，訪日教育旅行は体験学習や文化施設訪問を通した外国人児童生徒の国際理解，学校交流やホームステイによる相互理解を増進させるなど，国際交流機会の創出という文脈においても注目されている（観光庁・文部科学省2015）。

　訪日教育旅行をめぐる現状とその特徴を理解するためには，訪日教育旅行の実地内容にみられる共通点や相違点を把握することがまず必要であり，その実現には個別事例の検証と事例研究の蓄積が大きな意味をもつ。その第一歩として，本章では東京都が受け入れている訪日教育旅行を取り上げる。東京都は2001年に「東京都観光産業振興プラン」を策定以降，積極的に訪日外国人旅行者の誘致を図っている。また，東京都は訪日教育旅行の都道府県別受入実績が豊富であり，世界各地から積極的に外国人児童生徒を受け入れてきた訪日教育旅行の先進地である。

　こうした背景をふまえ，本章では東京都が受け入れている訪日教育旅行の特徴を，訪日教育旅行をめぐる全国的な動向や都の受入態勢に着目しつつ，外国人旅行者の観光行動の分析を通して論じることとする。なお，訪日教育旅行は数十人を1グループとする団体行動が原則である。よって，外国人児童生徒の観光行動の実態を把握するには，訪日教育旅行の行程に記載された訪問先の分布やその地域的傾向に注目する必要がある。

1　訪日教育旅行の実施状況

　まず，訪日教育旅行の実施状況に関する全国的動向を説明する。訪日教育旅行受け入れの一元窓口は日本政府観光局（JNTO）が担っている。日本政府観光局は海外の旅行会社や学校から教育旅行の申請を受けた後，各都道府県の担当窓口に受け入れ要請を実施する。その後，各都道府県の担当窓口が小中高等学校に受け入れを要請し，あわせて海外の旅行会社や学校と具体的な行程を調整する流れとなっている。

　ここでは主要市場である中国，台湾，シンガポール，マレーシア，韓国，アメリカ合衆国，オーストラリアの訪日教育旅行の実施状況について確認する（**表10-1**）。訪日教育旅行の実施形態は国ごとに異なり，アジア諸国は学校単位で希望者が参加，欧米諸国やオーストラリアは日本語学校や大学・高等学校の

表 10 - 1　主要市場別にみた訪日教育旅行実施概要（2015 年）（日本政府観光局 2015 により作成）

	実施主体	主な訪問先	主な訪問目的	備考
中国	小中高等学校[1]	北海道，東京都，大阪府，京都府，長野県，九州地方	学校交流，文化体験，環境技術見学，観光	学校交流だけでなく，教育旅行の強みである学習プログラムを希望する学校が多い。
台湾	小中高等学校	東京都，大阪府，兵庫県（神戸市），京都府，長野県，群馬県，静岡県	体験学習，日本人の生活，学校訪問，ホームステイ，民家宿泊，名門大学視察	海外教育旅行に占める訪日校のシェアが非常に高い（約 90％）。海外教育旅行に対する補助金制度（台湾教育部）が存在。
シンガポール	小中高等学校	関東地方，関西地方，九州地方	日本の学校との交流，ホームステイ，最新技術体験	訪問国の独自文化・技術の体験は教育旅行の必須項目である。教育旅行における安全安心を重視。
マレーシア	小中高等学校	大阪府，東京都，京都府	文化交流，国際交流，体験学習，観光，歴史学習	成績優秀な公立学校に補助金給付[2]。ムスリム対応を重視。
韓国	小中高等学校青少年団体	福岡県，大阪府，京都府，奈良県，東京都	海外文化探訪，体験学習，姉妹校訪問	教育旅行における安全安心を重視。韓国にゆかりのある体験学習へのニーズが増加。
アメリカ合衆国	大学・高等学校の日本語クラス	東京都，大阪府，京都府，広島県	日本の衣食住体験，学校交流，観光	日本の社会・文化・歴史の学習，日本人との相互交流が主目的。
オーストラリア	大学・高等学校の日本語クラス	広島県，東京都，京都府，兵庫県，大阪府	学校交流，一般的な観光	一般的な観光に加えて文化交流や体験による児童生徒間の交流プログラムを重視。ホームステイの要望が多い。

1）旅行会社手配旅程に複数校が参加することもある。
2）教育省審査を通過すれば，教育旅行に補助金を使用することができる。

日本語クラスの有志が参加する団体旅行である。主な訪問先をみると，東京都，大阪府，京都府といった訪日外国人旅行者の訪問率の高い地域が周遊対象として選定される傾向にある。また，台湾は長野県や群馬県，静岡県といった首都圏外縁部，アメリカ合衆国とオーストラリアは広島県を希望訪問先とするのが特徴的である。訪問目的は市場ごとに多様であるが，学校交流や体験学習，ホームステイ，民家宿泊など日本の生活や日本人との交流体験は概ね共通している。中国やシンガポールにおいては，日本の環境技術見学や最新技術体験といった要望を出している。また，学校交流を重視する訪日教育旅行にあっても一般的な観光に対するニーズも高く，日本の主要観光目的地を訪問する周遊観光の意味合いもまた強調されている。

日本の受入校をみると，関東，中部，近畿の 3 地方で件数構成比 72.0% を占めており，中でも近畿地方が 62 件と最多である (4) (図 10-1)。発地については 50% 近くが東アジア諸国 (102 件) であり，これにオセアニア (44 件)，他のアジア諸国 (31 件)，北米・ハワイ (18 件)，ヨーロッパ (10 件) と続いている。また，訪問先地域別に発地をみると，台湾を除くアジア諸国，北米・ハワイは全地域を満遍なく訪問しているのに対し，台湾とオーストラリアについては関東，中部，近畿地方に訪問先が集中している。

訪問都市については，東京都区部 (57 件)，京都市 (57 件)，大阪市 (43 件)，広島市 (27 件)，奈良市 (16 件)，名古屋市 (16 件) が上位となっている。訪問都市は訪日外国人旅行者の訪問率が高い大都市が中心である一方，広島県 (4%) や愛知県 (10%) の都市も含まれている。これらの都道府県は訪日外国人旅行者全体では平均ないしそれ以下の訪問率であるが，特定国籍の外国人旅行者による訪問率が高い場合が多い。

2　東京における訪日教育旅行の受入態勢

東京都では 2001 年度に策定した東京都観光産業振興プランを改訂し，2007 年度より「活力と風格ある世界都市・東京」の実現に向けて観光産業の振興を図っている。その中で，訪都外国人旅行者数の増加に向けた受入態勢が整備されてきた（東京都産業労働局 2013）。訪都外国人旅行者数はほぼ一貫して右肩上がりを示しており，訪日外国人旅行者の都道府県別訪問率も約 48% と全国で

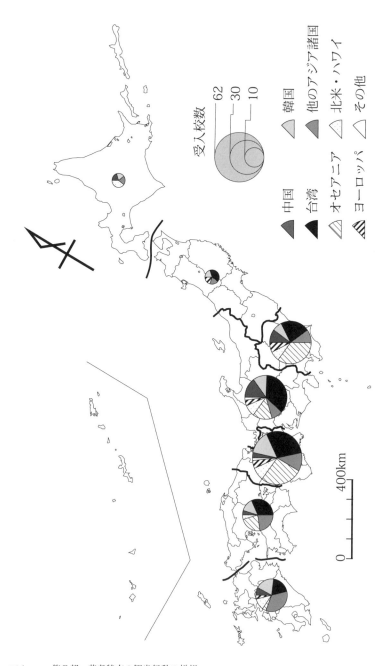

図10−1 発地（国・地域）別の受入校所在地域（2015年）（教育旅行年報データブック2016により作成）

最も高い数値となっている。

　そのプロセスにおいて，東京都では若者の国際交流や国際相互理解の促進，訪都外国人旅行者の増加，東京都の魅力発信，東京ファンの育成などを目的に，2007年度に「訪日教育旅行促進協議会」を組織している。その構成員である東京観光財団が訪日教育旅行の受入窓口となっており，主に学校交流の受入促進や斡旋といった業務を担っている。東京都では国公私立を合わせて約80校が学校交流を受け入れており，東京観光財団は訪問校の要望を参考にしながら，学校交流のマッチングとそのコーディネートを行っている。学校交流は半日程度の実施依頼が最も多く，加えてアジア諸国はセレモニーやレセプションの開催を必須としている。ホームステイの依頼も少なくないが，安全管理上の観点から東京観光財団では受け付けていない。

　訪日教育旅行の誘致に向けて，東京観光財団は現地説明会への参加，視察旅行の実施，日台教育旅行座談会への参加，Webサイトによる情報公開，英語・中国語による訪日教育旅行に関するパンフレット制作といった事業PRに努めてきた。その結果，訪日教育旅行受入当初（2007年度）の実績は10件であったものの，2016年度には37件まで増加した（**図10-2**）。2011年度は東日本大震災の影響から受入件数が6件と大幅に減少したものの，2012年度以降は一貫して増加傾向を示している。2016年度までの延べ受入件数は195件に達した。中でも台湾（88件）からの訪問が最多であり，アメリカ合衆国（28件），シンガポール（19件），中国（14件），オーストラリア（11件）と続いている。台湾は国際教育旅行促進のため，教育部（台湾当局）が「台湾国際教育旅行連盟」を設立しており，海外へ教育旅行を行う高等学校を対象とした助成制度を設置している（**表10-1**）。2017年現在，教育旅行を介した日台間の相互交流が非常に隆盛しており，台湾は東京都をはじめ訪日教育旅行の活性化において最も重要な受入相手国となっている。韓国の受け入れは2008年度と2009年度にのみ認められるが，それ以降，韓国からの訪日教育旅行の依頼件数は0の状態が続いている。中国については日中関係の悪化から2012年度と2013年度の実施件数は0であったが，2014年度以降の受入件数は増加傾向を示している。また，2014年度以降はオーストラリア，アルゼンチン，フランス，インドネシアといった新規の国々が訪日教育旅行を依頼申請するようになった。

　2016年度の国別学校別受入件数をみると，全37件のうち小学校4件，中学

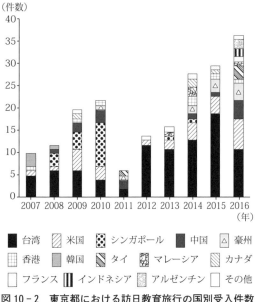

（件数）

凡例：
■ 台湾　▨ 米国　▩ シンガポール　■ 中国　△ 豪州
⊞ 香港　▨ 韓国　▨ タイ　▨ マレーシア　▨ カナダ
□ フランス　▥ インドネシア　▨ アルゼンチン　□ その他

図10-2　東京都における訪日教育旅行の国別受入件数の推移（2007-2016年度）（東京観光財団提供資料により作成）

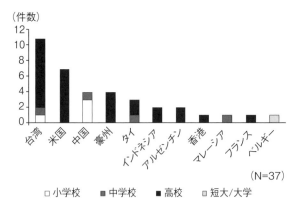

（件数）

（N=37）

□ 小学校　■ 中学校　■ 高校　▨ 短大/大学

図10-3　東京都における訪日教育旅行の国別学校種別受入件数（2016年度）（東京観光財団提供資料により作成）

校 4 件，高等学校 28 件，短大・大学 1 件と，高等学校による訪問が大半を占めていることがわかる（**図 10 - 3**）。とりわけ欧米諸国とオーストラリアはすべて高等学校の受け入れである。一方，中国は小学校と中学校の訪問のみであり，文化体験や環境技術見学，学校交流などを重視する傾向にある。また，中国は伝統的に教育熱心な家庭が多く，子どもへの投資を惜しまない傾向にあることから，早期に子どもを教育旅行へ参加させる家庭が増えている（日本政府観光局 2015）。

3 外国人児童生徒の観光行動と類型化

外国人児童生徒の観光行動の実態を把握するために，2014 年度から 2016 年度にかけて東京都で学校交流を行った 70 件の訪日教育旅行の行程表を分析した。ここでは，訪日教育旅行における観光行動の特徴を，訪問先の分布やその地域的傾向に基づき，欧米豪型，アジア型，台湾型に分類して説明する（**図 10 - 4**）。

(1) 欧米豪型

訪問先をみると，他の類型と比べて東京 – 大阪間を周遊するインバウンド観光の王道ルートである「ゴールデンルート」を軸として広域的に分散している。欧米諸国やオーストラリアによる訪日教育旅行は 7 - 10 日と長期的に滞在する場合が多く，時間に余裕をもたせている。これにより，欧米豪型訪日教育旅行では広島県や沖縄県といったゴールデンルート外の地域へも訪問することが可能となっている。行動パターンとして，東京国際空港ないし成田国際空港と関西国際空港のいずれかより出入国し，東京都での学校交流を実施しつつ，首都圏もしくは京阪神に滞在しながら周遊観光した後に帰国する行程が特徴的である。また，アメリカ合衆国やオーストラリアからは日本語を学ぶ児童生徒が参加するため，彼らが自主的に日本語を使用できるよう自由散策（free at leisure）の機会が設けられている。自由散策は東京都区部や大阪市，京都市といったインバウンド対応が進んでいる地域において実施されることが多い。

訪問先の観光資源について，日本を代表する特 A ないし A 級観光資源への[6]訪問が顕著である。具体的にみると，東京都区部では神社・社寺・教会（明治

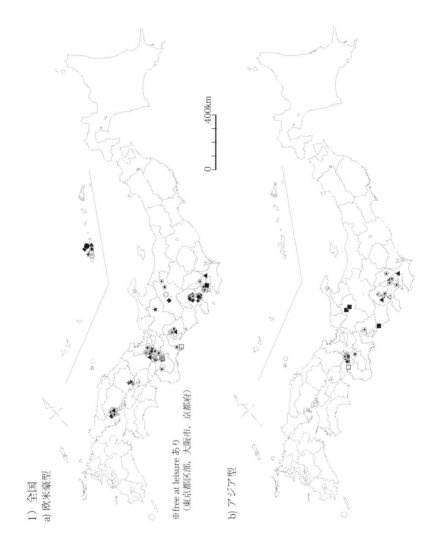

1) 全国
a) 欧米豪型

※free at leisure あり
（東京都区部，大阪市，京都府）

b) アジア型

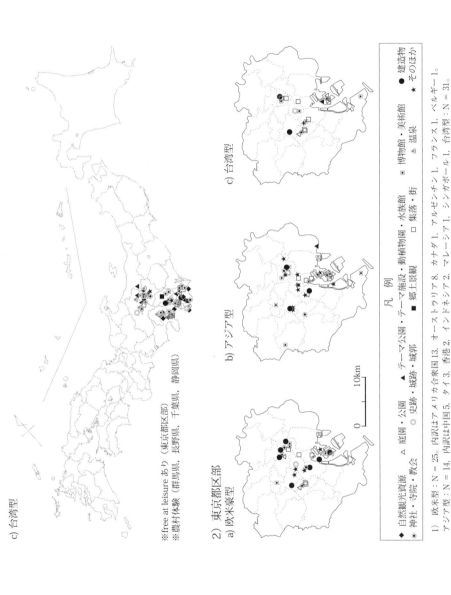

c) 台湾型

※free at leisure あり（東京都区部）
※農村体験（群馬県、長野県、千葉県、静岡県）

2）東京都区部
a) 欧米豪型

b) アジア型

c) 台湾型

凡　例

・自然観光資源　△ 庭園・公園　▲ テーマ公園・テーマ施設・動植物園・水族館　■ 博物館・美術館　● 建造物
◎ 神社・寺院・教会　◎ 史跡・城跡・城郭　■ 集落・街　郷土景観　⑤ 温泉　● そのほか　★ 台湾型：N = 31。

1）欧米型：N = 25。内訳はアメリカ合衆国 13、オーストラリア 8、カナダ 1、アルゼンチン 1、フランス 1、ベルギー 1。
　アジア型：N = 14。内訳は中国 5、タイ 3、香港 2、インドネシア 2、マレーシア 1、シンガポール 1。台湾型：N = 31。
2）観光資源は日本交通公社の「観光資源台帳」を参考に分類した。

図 10 - 4　類型別にみた訪問先と観光資源の種類（2014 - 2016 年度）（東京観光財団提供資料により作成）

神宮，浅草寺），史跡・城跡・城郭（江戸城跡（皇居）），建造物（東京スカイツリー，国会議事堂，東京タワー），博物館・美術館（東京国立博物館，国立科学博物館，東京国立近代美術館），テーマ公園・テーマ施設（東京ディズニーリゾート，三鷹の森ジブリ美術館）といった人文観光資源全般，首都圏外縁部では自然観光資源（富士山，芦ノ湖，富士五湖），京阪神とりわけ京都では神社・寺院・教会（清水寺，金閣寺，平等院，平安神宮，龍安寺），史跡・城跡・城郭（二条城，京都御所）が特徴的である。その他，広島県では平和記念公園，平和記念資料館，厳島神社，奈良県では東大寺，奈良公園，春日大社への訪問が定番である。

　外国人児童生徒の国際交流機会については，もっぱら東京都以外で提供される場合が多い。例えば京都府では京友禅染や茶道，書道，着物の着付け体験，広島県ではホームステイ，三重県では真珠取り出し体験が実施されている。一方，東京都に関してはパナソニックセンターや江戸東京博物館の見学が行程に組み込まれているが，日本文化の体験や学習という面では他地域の方が好まれる傾向にある。

(2) アジア型

　欧米豪型と同様に，主たる訪問先はゴールデンルート上に位置しているが，周遊範囲は首都圏やその外縁部，愛知県，大阪府とやや限定的になる。アジア諸国の訪日教育旅行は7日以内での実施が多く，東京都区部や公共交通による利便性の高い地域への訪問が中心となる。

　観光資源の種類をみると，博物館や美術館の他，観光資源として分類されないものへの訪問が顕著である。アジア諸国による訪日教育旅行では，日本における環境技術や企業見学に対するニーズが極めて高く，前者であれば東京都下水道局や東京都臨海広域防災公園，東京都環境局，池袋防災館，品川清掃工場，ガスの科学館，横浜水道記念館，大阪市下水道科学館，舞洲ゴミ処理場，後者は鹿島建設やJAL工場，東京取引証券所，トヨタ会館，アサヒビール工場などが見学の対象となっている。他にも，近年増加しつつあるマレーシアやインドネシアからの訪日教育旅行ではムスリム対応を要求してくる場合がある。その際は，東京ジャミ（モスク）を行程に組み込むなど，既存のエスニック資源の活用が有効な手段となっている。

日本文化の体験については，白川郷や浜松市の商家造りの町並み，大阪くらしの今と昔館など，やはり東京都以外が訪問の対象となる傾向が強い。一方，東京都では浅草寺や三鷹の森ジブリ美術館，東京国立博物館，築地市場といった特ＡないしＡ級の人文観光資源への訪問が顕著である。また，環境技術や企業見学という点で東京都は一定の優位性をもっている。

(3) 台湾型

台湾人による訪日教育旅行の訪問先は，関東甲信越に限定される。中でも，欧米豪型やアジア型と比較すると，長野県，群馬県，千葉県，神奈川県への訪問が顕著である。

台湾型訪日教育旅行の行程は，ある程度パターン化されている。まず，伊香保温泉や草津温泉，水上温泉，湯田中温泉，箱根湯本，石和温泉，白浜温泉といった温泉郷での温泉体験や浴衣の着付け体験を含めることがほとんどである。また，アジア型訪日教育旅行と同様，滞在期間が比較的短いので，出入国で利用する成田国際空港周辺域での周遊が目立つ。具体的には，酒々井プレミアムアウトレットやイオンモール成田でのショッピング，成田山新勝寺の見学，千葉県立房総のむらでの体験活動などが該当する。特に千葉県立房総のむらでは様々な歴史文化・伝統芸能を体験，見学できるため，多くの行程に組み込まれる傾向にある。また，東京観光財団ではホームステイを受け付けていないので，千葉県でホームステイを体験するものも少なくない。群馬県や長野県では，それぞれ高崎だるまや卯三郎こけしの絵付け体験，白樺リゾートでの影絵体験といったプログラムが準備されている。中でも，農家宿泊（ホームステイ）とスキー体験に対するニーズが非常に高い。冬季実施の訪日教育旅行では，群馬県や長野県でのスキー体験を実施した後に，温泉郷に移動する行程が目立つ。

台湾は他の国々と比較しても，学校交流や日本文化の体験を重視する傾向にある。そのため，訪日教育旅行に半日もしくは全日の学校交流を２度組み込むこともある。他方，企業見学や物見遊山的な観光は多くても１-２日となっている。東京都区部においても，東京スカイツリーや東京ディズニーリゾート，浅草，渋谷・原宿といった一部の主要な都市型観光資源に訪問がみられる程度である。

4 類型別にみた訪日教育旅行の様相

本章第3節でみた訪日教育旅行3類型の具体的な実施内容について，個別事例を挙げながら記述する。なお，事例として取り上げた訪日教育旅行の参加者はいずれも高校生である。

(1) 欧米豪型：オーストラリアの事例（2016年9月実施）

訪問先は大阪市，京都市，広島市，東京都区部，浦安市（東京ディズニーランド）である。いずれの地域でも著名な観光資源を訪問しており，そこではツアーガイド同行のもと，英語による説明を受けている。行程内容をみると，茶道体験（京都市），平和学習（広島市），学校交流（東京都区部）が体験・学習プログラムとして組み込まれている。大阪市と東京都では，空中庭園や原宿といった若者向けの商業施設が集積する地域にも足を運んでいる。また，京都市と東京都区部では自由散策の時間が設けられている。特に東京都区部では自由散策の機会が3回も設けられている。自由散策では児童生徒各自が好みの観光地を訪問し，レジャー目的の都市観光を楽しむとともに日本語によるコミュニケーション能力の向上に努めている。学校交流については，校内見学，授業見学（英語コミュニケーション），箏曲部や和太鼓部による歓迎演奏，茶道部によるおもてなし，記念撮影などが実施された。

(2) アジア型：香港の事例（2016年12月実施）

この訪日教育旅行では，東京都区部，横浜市，大阪市，尼崎市を訪れている。東京都区部，横浜市，大阪市では環境技術を体験・学習できる施設を訪問している（ガスの科学館，本所防災館，舞浜ゴミ処理場，大阪市下水道科学館）。また，香港の駐日代表機関である香港経済貿易代表部での交流や，ナレッジキャピタル見学も特徴的である。他にも，東京スカイツリーやダイバーシティ東京，心斎橋，道頓堀訪問も行程に含まれている。

尼崎市については宿泊目的でのみ訪れている。学校交流をみると，授業参加（数学，理科），校内見学（気象データ収集機器や理科関連中心），受入校生徒の風力発電に関する研究成果報告，部活参加（化学部や天文気象部などで実験体

験），ディスカッション（受入校生徒の研究成果報告や環境問題について）と，かなり専門分野に特化した内容となっている。

(3) 台湾型（2016 年 4 月）

　訪問先は首都圏およびその外縁部である。東京都区部では東京スカイツリー訪問と大学見学，学校交流のみが実施された。台湾人訪日教育旅行の主目的の一つであるホームステイは伊東市で実施された。体験活動はホームステイ先の伊東市と富士河口湖町にて温泉体験と浴衣着付けが行われた。施設見学については，キリンディスティラリー富士御殿場蒸留所と地底探検ミュージアム龍Q館（首都圏外郭放水路）を訪問した。学校交流は東京都内で 2 件，どちらも半日程度で実施された。その内容は，歓迎セレモニー，日本と台湾それぞれの文化紹介，両校の合唱部による演奏披露，授業参加（英語），部活紹介などである。

5　訪日教育旅行における東京の役割

　2000 年代中頃以降，都道府県レベルで訪日教育旅行の誘致が進展する中で，東京都はインバウンド対応の一環として，比較的早期よりその受入態勢を整えていた。東京都の受入窓口を担う東京観光財団は，学校交流の受入先学校との協力関係を構築しつつ，積極的に訪日教育旅行の誘致活動を実施してきた。その結果，訪日教育旅行における学校交流の受入先学校数は約 80 校となった。数多くの受入先学校を有する東京都は，国ごとに多様な学校交流のニーズに対して柔軟に対応することが可能となっている。ゆえに，これまでの学校交流の受入実績からみても，東京都ではある程度安定した訪日教育旅行の受容基盤が確保されていると判断することができよう。

　東京都で展開する訪日教育旅行は，ゴールデンルートを軸に広域的な周遊観光を志向する欧米豪型，ゴールデンルート内で環境技術の視察や企業見学の実施を志向するアジア型，学校交流や日本の生活文化との接触を志向する台湾型とに大別することができた。分析の結果，東京都で学校交流を実施する訪日教育旅行であっても，その周遊範囲は東京都に限定されないことが明らかとなった。日本を代表するような大企業や都市型観光資源が集積する東京都は，企業見学やレジャー目的の都市観光を実施する上で優位性を発揮していた。特に後

者については，ほとんどの行程で東京スカイツリーや東京ディズニーランドが訪問先として組み込まれていたことからも説明できよう。また，東京都は訪日外国人旅行者数の訪問率が最も高く，国内でもインバウンド対応が進んでいる地域である。このことは，特に自由散策の時間を設ける欧米豪型訪日教育旅行において，外国人児童生徒の自由散策を容易にしているものと看取できる。一方で，日本の歴史文化や農村生活の体験に関しては，その多くは訪問先として中部地方や近畿地方を選定している。その理由として，前者については東京都より京都府の方が知名度があり受容基盤が確立されていること，後者はホームステイをはじめ東京都では体験できないコンテンツに対するニーズが高いことが考えられる。すなわち，東京都だけでは訪問校の要望すべてに応えることが困難であり，それが訪日教育旅行における周遊地域の空間的拡大をもたらしていると推察される。今後，訪日教育旅行の活性化によって受入国や受入件数はますます増加し，訪日教育旅行に対するニーズや来日時の行動パターンはより一層多様化することが予想される。そうした中で東京都が優位性を示すためには，企業や都市型観光資源の集積に加え，エスニック資源の多様性やインバウンド対応の強みといった東京都ならではの地域的要素を全面的に押し出す必要があるだろう。

(1)　日本政府観光局報道発表（2016 年 1 月 19 日）
　　http://www.jnto.go.jp/jpn/news/press_releases/?tab = block2（最終閲覧日：
　　2017 年 8 月 2 日）
(2)　日本政府観光局報道発表（2017 年 1 月 17 日）
　　http://www.jnto.go.jp/jpn/news/press_releases/?tab = block1（最終閲覧日：
　　2017 年 8 月 2 日）
(3)　平成 28 年訪都旅行者数等実態調査による。
(4)　データの制約上，東京観光財団を介さずに学校交流を行った訪日教育旅行（例えば姉妹校交流）に関しては対象外とした。
(5)　東京都産業労働局，教育庁，生活文化局，国土交通省関東運輸局，東京観光財団を構成員とする。
(6)　日本交通公社 2017. 観光資源台帳. https://www.jtb.or.jp/research/theme/resource/tourism-resource-list（最終閲覧日：2017 年 10 月 16 日）

■参考文献

相　尚寿・前澤由佳・本保芳明・阿曽真紀子 2016. ツアー商品化につながる効果的な
ファムトリップの実現要因. 観光科学研究 9：83-91.

観光庁・文部科学省 2015. 訪日教育旅行受入促進検討会報告書――地方における訪
日教育旅行の受入拡大に向けて. http://www.mext.go.jp/a_menu/kokusai/houn-
ichi/__icsFiles/afieldfile/2015/10/02/1362294_2.pdf（最終閲覧日：2017 年 10 月 14
日）

東京都産業労働局 2013. 『東京都観光産業振興プラン――世界の観光ブランド都市・
東京を目指して』http://www.sangyo-rodo.metro.tokyo.jp/plan/tourism/h25/pdf/
honnbunn.pdf（最終閲覧日：2017 年 10 月 15 日）

日本政府観光局 2015. 訪日教育旅行概況――現状と課題. http://www.mlit.go.jp/
common/001097847.pdf（最終閲覧日：2017 年 10 月 15 日）

第Ⅲ部

若者の観光を支える地域の受容基盤

11 章

若者であふれるエスニックタウン
──韓流ブームと大久保コリアタウンの形成──

キーワード：エスニックタウン，韓流ブーム，韓国系ビジネス，観光地化，大久保コリアタウン

　世界各地に形成されるエスニックタウンは，移民が受入国において創り出す[1]異色な空間として多くの観光者を惹きつける。そこに訪れる観光者は，エスニック料理を提供するレストランや伝統工芸品店などで食事や買い物を楽しむ他，民族固有のエスニック文化が体験できるイベントに参加する。チャイナタウンがその代表例であり，日本国内においても横浜中華街，神戸南京町，長崎新地中華街の三大中華街が人気の観光スポットとして知られる。さらに 1980年代以降，外国人が増加しその多くが流入した東京では，多様な国籍のエスニックタウンが新たに形成された。ただし，本来エスニックタウンは移民が同胞向けに展開した関連施設の集積地であり，必ずしもすべてが観光地として発展するわけではない。観光地化の条件としては，観光資源となるエスニック文化に対するホスト国の異国情緒（exoticism）に基づいた需要が前提とされ，また観光地として成立し得るエスニックタウンは文化圏によって異なる（Shaw et al. 2004）。中でも，イスラム圏ではハラールにちなむ食文化の壁から，エスニックタウンが観光地として成立しにくいことがいわれている（山下編 2016）。

　一方，グローバル化やソーシャルメディアなどの情報発信技術の進展により，今日ではエスニック文化に関する知識や体験が得られやすく，異国情緒そのものがステレオタイプや漠然としたイメージよりも，実像や実体験に基づいてつねに再生産されつつある。日本では近年「若者の海外旅行離れ」が注目されてきたが，海外での滞在に対する心理的な不安や，生活上の時間的・金銭的制約

がその要因として示されているように（JTB 総合研究所 2012；中村ほか 2014），若者のエスニック文化への関心や興味自体が低下しているとは言い難い。なお，本章では，渋谷・原宿などと並んで今や東京の新たな「若者の街」となった大久保コリアタウンを取り上げ，若者の価値観や生活様式の変化に伴い，海外旅行に代わり国内に異国情緒を求めたオルタナティブな観光空間としてエスニックタウンを照らし出し，そこで行われる若者の観光・レジャーの意義とその地域的基盤について考察する。

1 大久保コリアタウンの観光地化と韓流ブーム
——中高年女性から若者へ——

　日本最大の外国人集住地域である東京都新宿区大久保地域では，1980 年代以降，アジア系を中心とした外国人住民とその関連施設の増加に伴い，多国籍のエスニックタウンが形成された。ところが，2003 年に NHKBS で放映された韓国ドラマ『冬のソナタ』を契機に起きた韓流ブーム以降，韓国人関連施設が集積するコリアタウン一帯が観光スポットとして大きく発展してきた。新聞やテレビでは，大久保コリアタウンが「韓流の聖地」として取り上げられ，韓流をテーマに街を紹介するガイドブックも多数発行されてきた。

　観光地化に伴い，大久保コリアタウンと認知される空間範囲は拡大してきた。現在の大久保コリアタウンの範囲は，JR 山手線・新大久保駅から明治通りまで東側に約 600m 広がる大久保通り沿いをメインストリートとし，南側に位置する職安通りとそれをつなぐ裏路地の通称イケメン通りを含む，大久保一・二丁目，および百人町一・二丁目である（図 11-1）。新大久保駅前を起点とした観光地としての発展により，各種メディアでは駅名に因んで「新大久保コリアンタウン」とも呼称されるようになった。大久保コリアタウンに立地する韓国系施設については公的な統計や資料がなく，筆者が実施した現地調査によれば，2016 年 5 月現在，大久保通りに 148 件，職安通りに 116 件，イケメン通りに 53 件と，合計 317 件の韓国系施設がこの三つの通り沿いに集中的に立ち並んでおり（写真 11-1），その他，地域内に点在する施設を含めれば約 500 件にのぼる。[2]

　日本人観光客のほとんどがこの韓国系施設の集積するコリアタウンへ足を運ぶが，中には新大久保駅改札口を出て西側に立地する中国，タイ，インド，ネ

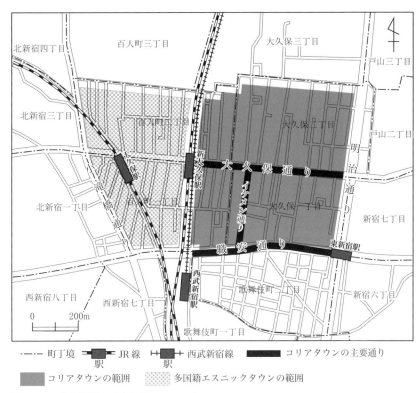

図 11 - 1　東京都新宿区大久保コリアタウン

パール，トルコなど多国籍なエスニック施設へ珍しいエスニック料理や食料品
を求めて訪れる日本人も一定数存在する。しかし，同胞や同文化圏の在留外国
人が主な顧客層を占めており，これらのエスニックタウンは観光地化が進んで
いる段階には至っていない。

　新大久保駅の1日平均乗車人員数の推移をみると（**図 11 - 2**），韓流ブームが
始まった2003年度から2011年度まで増加し続け，2012年度以降一時落ち込ん
だものの近年再び増加し，2016年には4万3929人が利用した。この推移から
うかがえるように，大久保コリアタウンに訪れる日本人観光者の動向は，政
治・社会をめぐる日韓関係の状態によって変化する韓流ブームの盛衰に大きく
左右される時期もあったが，今では人気の観光地として定着している。

写真 11 - 1　韓流ショップや韓国飲食店が立ち並ぶ大久保通り（2016 年 5 月金撮影）

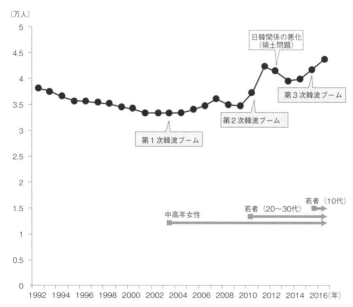

図 11 - 2　JR 新大久保駅の 1 日平均乗車人数の推移（1992 - 2016 年）（JR 東日本 Web サイト「各駅乗車人員」により作成）

写真 11 - 2　若者で賑わう大久保コリアタウン（2018 年 1 月
金撮影）

　第 1 次韓流ブームの頃，大久保コリアタウンに訪れる日本人観光者は，中高
年女性が大半であった。しかし，2010 年に K-POP を中心に巻き起こった第 2
次韓流ブームを契機に若年女性が増加していった。この客層の拡大を受け，大
久保コリアタウンは観光地として繁栄したが，2012 年 8 月領土問題や慰安婦問
題をめぐる日韓関係の悪化とその後に街中で頻発したヘイトスピーチによる日
本人観光者の減少により一時衰退した。韓流ショップや韓国飲食店の閉店が相
次いだ大久保コリアタウンでは，韓流ブームが終わったとまでいわれていたが，
K-POP グループ「TWICE」や韓国料理「チーズタッカルビ」などの人気が高
まって 2016 年頃に起きた第 3 次韓流ブームの影響により，近年再び日本人観
光者から脚光を浴びるようになった。その年齢層はさらに 10 歳代へ引き下が
り，最近，街は多くの中高校生で賑わっている（**写真 11 - 2**）。新大久保駅では，
改札口前での立ち止まりや待ち合わせを控えることを勧告するアナウンスが流
れる他，時に入場規制がかかるほど日本人観光者が押し寄せる。この復活ぶり
は第 3 次韓流ブームまたは新韓流と呼ばれている。

2 日本人観光者の属性
──中高年と若者の比較──

　筆者は大久保コリアタウンでみられる観光行動の特徴を明らかにするために，2016年5月に新大久保駅周辺において日本人観光者100人を対象にアンケート調査および聞き取り調査を行った。ここでは，その結果を用いて大久保コリアタウンに訪れた回答者の属性と，若者の観光形態の特徴を示す。

　まず，日本人観光者へのアンケート調査結果について，回答者の属性をみていこう。年齢構成は10歳代から60歳代と幅広く，10‐30歳代の若者が59人，40‐60歳代の中高年が41人であり，全体の85人が女性である。職業の特徴としては，会社員が最も多く，次いでパート・アルバイト，学生，主婦の順に多い。回答者は都内（39人）のみならず都外（61人）からも訪れており，その居住地域は全国に及んでいる。移動にかかるコストが大きい都外からの来訪者は，近場の都内から訪れる人々よりも大久保コリアタウンへの訪問に明確な活動目的をもち，なおかつ非日常的な楽しみを求める傾向が強いと推測できる。したがって，回答者の多くは，日帰り観光で当該地域を訪れた女性の韓流ファンであるといえる。

　次に，来訪目的に関する複数回答の結果をみると（**表11‐1**），「韓国飲食店での食事」が4割近くに及んでおり，次に「韓流グッズ・コスメの購入」が3割近く，「韓国食料品の購入」が2割近くと，買い物目的と回答した人の割合が約半分を占めている。「韓国飲食店での食事」に関しては年齢による差異が少ないが，買い物に関しては大きな違いがあり，中高年では「韓国食料品」，若者では「韓流グッズ・コスメ」が高い割合を占めている。

　来訪回数をみると，2回以上が86％とリピーターの訪問が多くなっている。その内訳をみると，2‐5回未満が22（30.6％），5‐10回未満が14（19.4％），10‐50回未満が17（23.6％），50‐100回未満が6（8.3％），100回目以上が13（18.1％）とヘビーリピーターが多い。リピーターがはじめて来訪した時期をみると，中高年では1980年代頃から来訪していたのに対して，若者では2000年以降，特に10歳代と20歳代では2008年以降に初めての来訪したという回答が目立つことから，近年において若者が増えたことが示されている。

表 11-1 日本観光者の年齢別来訪特性（2016 年 5 月に実施したアンケート調査により作成）

	全体 (n=100)	若者 (n=59)	中高年 (n=41)
来訪目的 *	[MA=174]	[MA=103]	[MA=71]
食事	39.7	39.8	39.4
食材	19.5	16.5	23.9
韓流グッズ・コスメ	27.0	31.1	21.1
K-POP ライブ	9.8	8.7	11.3
エステ・ネイル	2.3	2.9	1.4
その他	1.7	1.0	2.8
来訪回数			
初めて	14.0	10.2	19.5
2 回以上	86.0	89.8	80.5
同行者 *	[MA=122]	[MA=73]	[MA=57]
一人	9.8	11.0	7.0
友人・知人	59.8	64.4	45.6
恋人	4.0	2.7	5.3
家族	25.4	21.9	40.4
その他	0.8	0.0	1.7
情報源 *	[MA=117]	[MA=72]	[MA=45]
マスメディア	12.0	13.9	8.9
口コミ	36.7	34.7	40.0
ネット	23.1	25.0	20.0
SNS	19.7	22.2	15.6
マップ	0.8	0.0	2.2
その他	7.7	4.2	13.3

MA：複数回答。
表中の数値は回答者属性ごとの質問項目ごとの回答数の合計に占める割合(%)を示す。

　同行者については友人・知人が 59.8％を占め，家族が 25.4％，1 人が 9.8％と続いている。家族連れの場合は，全体に占める女性の割合が高いことからわかるように，親娘の組み合わせが多い。特に，家族との同行が若者では約 2 割にとどまる中，中高年においては 4 割を超えており，親の娘への影響がうかがえる。例えば，第 1 次韓流ブームを機に韓国の映画やドラマに興味をもった親の影響を受け，その後，若者を中心に起きた第 2 次韓流ブームを契機に，娘が親と一緒に大久保コリアタウンへ訪れるようになった事例を確認できた。

　大久保コリアタウンに関する情報源については，口コミ（36.7％）の利用が最も多く，ネット（23.1％），SNS（19.7％），マスメディア（12.0％），マップ（0.8％）となっている。年齢別にみられる特徴としては，「マスメディア」「ネット」「SNS」をあわせた割合が若者では 61.1％，中高年では 44.5％と，若

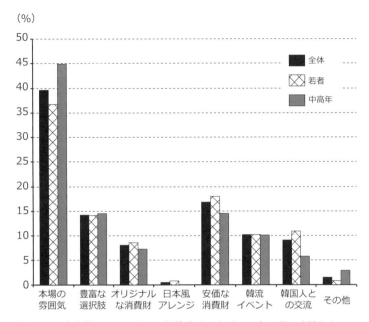

（%）

図 11-3　大久保コリアタウンに期待すること（2016 年 5 月に実施したアンケート調査により作成）

者がよりメディアを通して韓国系ビジネスの情報を得ていることがわかる。加えて，回答者の 1 日当たり消費額は 5510 円が平均であり，中高年が 5583 円，若者が 5464 円とほとんど差はない。

3　大久保コリアタウンへのまなざし

　日本人観光者は具体的に何を求めて大久保コリアタウンに訪れているだろうか。「大久保コリアタウンに期待すること」に関する質問項目（複数回答）をみると（**図 11-3**），「本場の雰囲気」「韓国人との交流」を合わせた，韓国本場で体験できるものに対する期待が 6 割以上を占める。自由回答においても，「第 2 の韓国」「リトルコリア」「韓国に行った気分になれる」と，大久保コリアタウンに対して韓国旅行の代わりとなる観光地という印象を持っていることがわかる。というのも，回答者の 6 割近くが韓国への旅行を経験しており，彼女らの

韓国への関心度や韓国食への親密度は極めて高い。その背景には，韓流ブーム以降に形成された良好な韓国イメージが関係している。

このような韓国文化や韓国旅行に対する需要が国内に存在する大久保コリアタウンに向けられた理由として，以下の二つが考えられる。まず一つ目に，東京大都市圏居住者の場合，たくさんの時間やお金をかけて韓国現地まで行かなくても，韓国という異国を感じられる非日常の空間が生活圏の延長で到達できる「手軽さ」が挙げられる。地方から訪れる日本人観光者の多くも，東京で行われる K-POP アイドルグループの各種イベント前後や，親族訪問，出張など東京での諸用件のついでに大久保コリアタウンに訪れている。この傾向は，学生や会社員である若者において顕著に確認できる。主婦層が多く比較的時間や金銭的な余裕がある中高年女性が韓国ドラマのロケ地めぐりなど韓国現地に向かって韓流を消費していたのとは対照的である。加えて，若者は自ら K-POP の歌やダンスをカバーしたり，韓国のコスメやファッションを身にまとうといった韓国文化を自分のライフスタイルに昇華している点も特徴的である。最近，若者の街として有名な原宿にて，韓国のグルメやコスメに関する店舗が増加しており，大久保コリアタウンのような消費行動がみられるようになったが，このことが象徴するように，韓国文化の消費は一部のコアな韓流ファンに特有なものではなくなりつつある。そのため，日本の若者にとって大久保コリアタウンは，非日常的空間でありながらも，海外旅行をせずに韓国文化を誰もが身近に手軽に消費できる大衆的な空間であるといえる。

次に二つ目の理由として，大久保コリアタウンにて，日本特有の消費文化や嗜好性が反映された韓国文化を消費できることが挙げられる。実際，大久保コリアタウンへの期待として，「韓流イベント」「オリジナルな消費財」「日本風アレンジ」と回答した人が少なくない。例えば，身近で触れ合える地下アイドルを模倣した新大久保発 K-POP アイドルグループの存在とその人気や，日本人女性の間でマイルドな辛さで人気の新大久保で誕生した韓国料理の新メニュー「チーズタッカルビ」がその一例である。むしろ韓国本場には存在しないこれらの韓国文化は，日本人の消費文化や嗜好に合わせて再生産された韓国文化である。また，今の若者にインターネットや SNS を通して街の情報を受発信する人が多いことを考慮すると，若者は韓国文化の真正性よりも，仲間内で共感できる話題性を大久保コリアタウンに求めているといえる。

4 観光地化の地域的基盤

　大久保コリアタウンの観光地化は，韓国人経営者が地域内に展開する韓国系ビジネスによって支えられてきた。先述した今日の大久保コリアタウンの空間的範囲は，ここに集積する韓国系ビジネスが日本人観光者の需要に対応する中で，職安通りから大久保通りやイケメン通りへ店舗を次第に広げていった結果である。というのは，1990年代に開始された韓国系ビジネスは，歌舞伎町に職場をもつ同胞の日本生活に必要な商品やサービスを提供する業種が多くを占めており，そうしたビジネスは歌舞伎町に隣接する職安通り沿いに多く立地していた。ところが，2000年代半ば以降，韓国人経営者は韓流ブームを機に発生した日本人観光者の需要に応じて韓流グッズやコスメ店などの新業種を，交通利便性の高い新大久保駅の唯一の改札口に直結する大久保通りと，職安通りと大久保通りをつなぐイケメン通りに集中的に展開していったのである（金 2016）。

　大久保通りが職安通りに代わって大久保コリアタウンのメイン通りとなったのは，街が観光地としてメディアに本格的に取り上げられ，ホスト社会に広く認知されていった第2次韓流ブーム以降である。第2次韓流ブームによる若者の増加は，SNSの利用による同世代間の情報の拡散や共有による影響が大きい。そして，学校や仕事帰りの若者が街に集まるようになったことで，中高年女性が主に訪れる昼間の時間帯だけでなく，夕方や夜間にも市場が拡張され，韓国人経営者にとって若者は重要な市場として認識されていった。この時期には，早期にビジネスチャンスを発見して地域内に多店舗経営や多角経営を行ってきた韓国人経営者によるさらなる事業展開に加え，韓国からの新規参入や地域外からの出店も活発化した。韓国系ビジネス間で激化した競争によって，大久保コリアタウンでは，若者が求めやすい低価格な商品やサービスの導入や，若者の嗜好性や話題性を追求した新たな商品やサービスの開発など様々な差別化が図られた。その一方で，韓国系ビジネスの頻繁な入れ替わりや，提供される商品やサービスの質の低下といった課題も浮上した。

　このように個々の事業者による様々な経営戦略がとられる中，街全体の運営に関わる地域的組織の動きも活発化していく。例えば，2012年以降に迎えた韓国系ビジネスの停滞期を機に経営者同士が団結し，2014年には新宿韓国商人連

合会が結成された。新宿韓国商人連合会では,「新大久保映画祭」の開催や無料シャトルバスの運行など,日本人観光者を街に呼び込むための地域的取り組みを実施している。また,大久保通りの事業者から構成される新大久保商店街振興組合では,商店街マップを製作する他,公式ホームページにて K-POP ライブ公演のスケジュールや,新大久保発 K-POP アイドルの公式応援を行っている。もともと,大久保コリアタウンの観光地化をめぐっては,事業者や観光者によるゴミの出し方とポイ捨て,混雑・騒音などの様々な問題が,地域住民との間に軋轢を生んでいた。しかし現在では,多文化共生を推進する行政機関の協力や,様々な地域的組織による街運営の努力により,ステークホルダー同士の理解が進みつつある。

5 新たな「若者の街」となったエスニックタウン

　本章を通して,若者にとって大久保コリアタウンとは,韓国旅行の代わりとなるオルタナティブな観光・レジャー空間である一方で,若者の消費文化や嗜好性に合わせて再生産された韓国文化を身近に消費することのできる場所でもあることが分かった。中高年女性に次ぎ新たに発生した若者の観光・レジャー需要に応じて,地域内に集積する韓国系ビジネスでは韓国文化の商品化を通して韓国の商品やサービスを供給する一方,日本人観光者を持続的に呼び込むためにイベントの開催やインフラの整備などの地域的取り組みも行われていた。

　本章で得られた重要な知見は,若者がエスニック文化への関心とその需要に基づいた観光・レジャーを,外国ではなく国内に位置するエスニックタウンにおいて実施していた点である。若者は海外旅行への潜在需要は高いにもかかわらず(第1章),様々な阻害要因を理由に海外旅行を選択しない傾向にあることから,若者の海外旅行の促進が課題とされている。しかし,国内でのエスニック文化の体験が,海外旅行への需要を膨らませ,阻害要因を低減させることが考えられる。本章で紹介した大久保コリアタウンについては,近年増加している10歳代の若者において,そこで得られた韓国文化や疑似韓国旅行の体験が,今後,本場の韓国を目的地とした海外旅行へとつながる可能性がある。

　　(1)　エスニックタウンとは,移民エスニック集団が受入国において形成した都市内

の商業業務地区であり，居住を強調した概念であるエスニックネイバーフッドと区別される（杉浦 2011）。

(2)　金（2016）の現地調査のデータにより推算。

■参考文献

金　延景 2016. 東京都新宿区大久保地区における韓国系ビジネスの機能変容──経営者のエスニック戦略に着目して. 地理学評論89(4)：166-182.

杉浦　直 2011. エスニック・タウンの生成・発展モデルと米国日本人街における検証. 季刊地理学 63：125-146.

JTB総合研究所 2012. 若者の生活と旅行意識調査〜"ゆとり"とプレ（前）"ゆとり"にみる違いについて〜. https://www.tourism.jp/wp/wp-content/uploads/2012/12/research_121212_youth.pdf（最終観覧日：2018年6月6日）

中村　哲・西村幸子・高井典子 2014. 『「若者の海外旅行離れ」を読み解く──観光行動論からのアプローチ』法律文化社.

山下清海編 2016. 『世界と日本の移民エスニック集団とホスト社会─日本社会の多文化化に向けたエスニックコンフリクト研究』明石書店.

Shaw, S., Susan, B. and Joanna, K. 2004. Ethnoscapes as Spectacle: Reimaging Multicultural Districts as New Destinations for Leisure and Tourism Consumption. *Urban Studies* 41(10): 1983-2000.

12 章

若者の観光ボランティアガイド活動の様相
──渋谷におけるインバウンド需要への対応──

キーワード：観光ボランティアガイド，インバウンド観光，国際交流

　近年における国際観光の飛躍的な発展に伴ってローカルなガイド需要が拡大しており (Salazar 2005)，日本でも通訳案内士に限らず様々な主体が外国人旅行者の案内活動に従事しつつある。日本観光振興協会 (2018) によると，全国の観光ボランティアガイド組織の中で，外国人旅行者に対応している組織は 22.2%（2017 年度）であり，前年度と比べて約 5% 増と若干ではあるが前向きに取り組む組織が増えている。

　中でも，東京都は 2020 年開催予定の東京オリンピックを見据えて，観光ボランティアガイド活動の展開に関わる様々な基盤整備を積極的に推進してきた。例えば，東京都産業労働局では外国人旅行者に東京の魅力を伝える「東京都観光ボランティア」を推進している。具体的には，「外国人旅行者向け観光ガイドサービス」「都庁案内・展望室ガイドサービス」「街なか観光案内」「派遣ボランティア業務」に取り組んでいる。他にも，従来の観光ボランティアガイド組織にとどまらず，様々な民間団体が外国人旅行者を対象とした観光ボランティアガイド活動に着手している。

　その中で，本章では街頭で外国人旅行者に声をかけて観光案内を行う観光ボランティアガイド活動を取り上げる。ガイドによる観光案内は外国人旅行者の知的欲求を満足させる上で有用であり，そのことは既往研究でも指摘されてきた (Funck and Cooper 2013)。しかしながら，そもそも日本のガイド需要は他の先進諸国と比べると相対的に低く，ガイドツアーに参加する文化が根づいているとは言い難い状況にある。ゆえに外国人旅行者に対しても活動内容が十分に

宣伝・認知されておらず，実際の利用率も大きな向上をみせていない。小松・中山（2007）によると，事前予約が必要なガイドツアーは外国人旅行者の関心こそ引くものの，気軽に利用できない不便さが背景にある。一方，街頭での観光案内は事前予約など煩わしさがなく，気軽に参加できる利便性の高さが注目を集めている。

　これらをふまえて，本章では渋谷駅周辺域を事例として，当該地域の街頭で展開する外国人旅行者を対象とした観光ボランティアガイド活動にみられる特徴を，観光目的地としての渋谷の性格やインバウンドの実態に着目しつつ，ガイドの基本属性や活動参加契機，具体的な活動実態の分析を通して明らかにする。なお，渋谷区には街頭で観光ボランティアガイド活動に取り組む四つの組織が存在するが，ここでは最も活動頻度の高い Japan Local Buddy（以下，JLB）の活動を取り上げることにした。

1　観光目的地としての渋谷駅周辺域の性格

(1) 渋谷駅周辺域の概要

　渋谷駅は JR 東日本（山手線，埼京線，湘南新宿ライン，成田エクスプレス），京王井の頭線，東急線（東横線，田園都市線），東京メトロ（銀座線，半蔵門線，副都心線）が乗り入れるターミナル駅であり，世界でも有数の乗降者数を誇っている（石井 2017）。渋谷駅には四つの鉄道会社の 9 路線が集まっており，それぞれが駅舎の増改築を続けてきた経緯から駅全体が非常に複雑な構造となっている。それゆえ渋谷駅は交通結節点でありながら利便性を欠いており，渋谷駅周辺域においても安全で快適な歩行者空間の確保，交通結節機能の強化，錯綜する交通動線の改善といった課題を抱えていた(3)。

　こうした状況下，2005 年に渋谷駅周辺域が都市再生法による「特定都市再生緊急整備地域」に指定されたことで，駅前再開発の機運が高まった。2008 年に東京都と渋谷区は「渋谷駅街区基盤整備方針」を公表し，2010 年に「渋谷駅街区土地区画整理事業」が施行認可された。以降，渋谷を本拠地とする東急グループが「エンタテイメントシティ SHIBUYA」を目標に掲げつつ，駅周辺地域の再開発事業を推進している（**写真 12-1**）。2012 年 4 月にはリーディングプロジェクトとして東急文化会館の跡地に高さ 180m の渋谷ヒカリエが開業した。

写真 12−1 渋谷駅周辺域における大規模再開発の様子
（2017 年 5 月磯野撮影）

2013 年 3 月には高架を走っていた東急東横線が地下化され，東急東横線，地下鉄メトロ副都心線，東武東上線，西武池袋線，みなとみらい線の五線が乗り入れになった。加えて，JR 埼京線ホーム 350m ほど北側へ移設して山手線ホームと並列させたり，東急百貨店東横店東館の３階にあった銀座線のホームを表参道駅方向へ 130m ほど移設したりと，利便性や安全性向上のために変更が加えられることになっている。なお，銀座線は地下鉄でありながら地上を走行しており，黄色い車両が明治通りの上を横切って駅ビルに出入りする光景は渋谷駅周辺域の一つの魅力になっている。

　他にも，2018 年秋には渋谷駅南街区に地上 35 階・地下４階の高層複合施設である渋谷ストリームが，2019 年には渋谷駅直上に渋谷ヒカリエと向かい合う形で地上 47 階・地下７階の渋谷スクランブルスクエア第Ⅰ期（東棟）が，道玄坂一丁目駅前地区（渋谷駅西口）には地上 18 階・地下４階の複合ビルがそれぞれ開業した。

(2) 観光目的地としての渋谷駅周辺域

　渋谷駅周辺域には「渋谷」を象徴するような観光資源や観光施設が数多く存在する。例えば，1 日の歩行者通行量が 50 万人といわれているスクランブル交差点，待ち合わせの名所の忠犬ハチ公銅像（以下，ハチ公像）やモヤイ像などが

代表的である。また，若者の街として知られる渋谷駅周辺域には，若者向けのファッションに関わる商業施設が数多く立地している。その先駆けとなったのは渋谷パルコ（1973 年）の開業であり，渋谷駅から西武百貨店，渋谷パルコを通る公園通りは若者の街として流行の最先端を担う街となった（浦 1985）。以降，東急ハンズ（1978 年），東急 109（1979 年），タワーレコード（1980 年），ロフト（1987 年），ドン・キホーテ（現 Mega ドン・キホーテ）（1999 年）などが，渋谷駅北西域を中心に進出した。

　他にも，渋谷区には公園通りをはじめ様々な「ストリート」が存在し，ストリートそのものが渋谷区の重要な観光資源となっている。渋谷区観光協会が作成した「ストリートマップ」では，12 のストリートの特徴が商業施設や飲食施設とともに紹介されている。渋谷駅周辺域の 6 のストリートについては，1990 年代から 2000 年代にかけて，若者の街，とりわけストリートファッション文化の中心として存在感を発揮していた。しかしながら，SNS の普及やギャル文化の細分化，ユニクロに代表されるファストファッションの台頭などによって，渋谷駅周辺域の影響力は徐々に低下した。2000 年代中葉以降になると，リーマンショックによる若者の消費意欲の低下や，オタク文化の成長や一般化，カワイイ文化の台頭などが相まって「若者の渋谷離れ」が目立つようになった。こうした状況下，2012 年に渋谷区観光協会が設立され，「国際文化観光都市・渋谷SHIBUYA」の実現に向けた様々な取り組みが展開するようになった。具体的には，Web サイトや SNS（Facebook，Instagram，Twitter）による情報発信，観光マップ（ストリートマップ，ナイトマップ）の作成，観光大使（ナイトアンバサダー，パーティーアンバサダー，クリエイティブアンバサダーなど）の任命，後述する観光案内所の運営などである。中でも，渋谷区観光協会はナイトライフ観光に関わる取り組みを重視している。渋谷駅周辺域はクラブやライブハウスの集積地であり（詳細は第 14 章を参照），かつ年越しカウントダウンやハロウィンといった夜間イベントの開催頻度が高い。渋谷区観光協会はこのようなナイトライフ観光に大きな期待を寄せており，その先に「若者が集まる街」としての渋谷の復権を見据えている。

(3) インバウンド需要

　訪都外国人旅行者の渋谷駅周辺域への訪問率は，新宿・大久保（56.9%），浅

草（48.2%），銀座（48.1%）に次ぐ第 4 位（43.9%）である[6]。国別にみると，アメリカ合衆国（61.3%），カナダ（66.3%），イギリス（59.7%），ドイツ（70.9%），フランス（76.7%），イタリア（79.7%），スペイン（84.2%），オーストラリア（78.2%），ロシア（58.0%）と，欧米諸国やオーストラリアについては最も高い数値を示している。また，インドネシア（73.7%），フィリピン（68.7%），タイ（61.8%），シンガポール（53.3%）と東南アジアからの訪問率も高い。他方，韓国（48.4%），中国（27.6%），台湾（27.6%）と東アジアからの訪問率はあまり高くない状況にある。

　最も国際的な知名度を誇る渋谷駅周辺域の観光資源は渋谷スクランブル交差点である。渋谷スクランブル交差点を訪れる外国人旅行者のほとんどが，わずか 45 秒間の間に大勢の人間が動き回りそこを埋め尽くす様子を撮影している（田村 2013）。その様子は旅行ガイドブックや SNS などでも紹介されており，近年では渋谷区観光協会の Web サイトを介して動画がライブ配信されている。ところが，外国人旅行者の大半は渋谷スクランブル交差点での撮影が終わると，そのまま電車やバスに乗るなどして別の場所に移動してしまうという[7]。ゆえに渋谷駅周辺域は外国人旅行者の主要な観光目的地であるにもかかわらず，それが実需に結びついていないといった課題が指摘されていた。

　このような状況を打破するために，そして国際文化観光都市の実現に向けて，渋谷区観光協会はハチ公前広場（青ガエル観光案内所），渋谷マークシティ（クリエーションスクエアしぶや），明治通り（MOSHI MOSHI BOX）といった人通りの多い場所に観光案内所を設置した。観光案内所には観光マップやチラシが常備されており，また英語対応可能なスタッフが駐在している。観光案内所への訪問者数（2016 年度）をみると，青ガエル観光案内所が 4 万 3668 人，クリエーションスクエアしぶやが 6899 人，MOSHI MOSHI BOX が 1 万 7098 人と青ガエル観光案内所が最多である。地域別訪問者数をみると，MOSHI MOSHI BOX は日本人が多く，外国人旅行者も大半がアジアとなっている。他方，青ガエル観光案内所については外国人旅行者の訪問がほとんどであり，地域別にみてもアジアに加えてヨーロッパや北米，オセアニアと多様である（図 12−1）。なお，2020 年 8 月，青ガエルは秋田県大館市の観光交流施設に移設された。

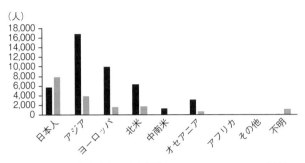

■ 青ガエル観光案内所（ハチ公前広場）　■ MOSHI MOSHI BOX（原宿）

（注）クリエーションスクエアしぶやはデータなし。

図 12 - 1　観光案内所を訪問した地域別外国人旅行者数（2016 年度）（渋谷区観光協会提供資料により作成）

2 Japan Local Buddy（JLB）の概要

　JLB はインバウンド事業を手がける株式会社ジェイノベーションズによって運営される国際交流団体である。街頭での観光ボランティアガイド活動は，JLB のファウンダー（株式会社ジェイノベーションズ代表取締役）が創設した Japan Tour Guide の活動を端緒とし，2014 年 11 月から行われている。活動拠点は主に東京（渋谷，原宿），大阪（道頓堀），京都（四条大橋）である。この活動に参加するためには，まず JLB の Web サイトにて会員登録を行い，その後 Facebook ページのグループに加入する。そこにスケジュールが記載されるので確認し，イベントページで参加を申し込み，当日活動に参加する流れとなっている。ガイド募集や活動記録などは Facebook にて公開しており，後者については Instagram や Twitter なども活用されている。渋谷では原則的に毎週土曜日と日曜日に街頭での観光ボランティアガイド活動を実施している。参加する JLB ガイドはセンター街の入口にて「How Can I Help You?」と書かれたピンク色の看板をもって待機し，街頭で困っている外国人をサポートしている（**写真 12 - 2**）。

　JLB ガイドの基本属性をみると，全員が 30 歳未満の若者で，その大半が学生である。男女比に大きな偏りはみられない。渋谷区出身者ないし在住者は 1 名のみと，地元住民は皆無であった。現在ないし学生時代の専門については，

**写真 12-2　渋谷センター街で看板を持ち待機する JLB ガ
イド**（2017 年 12 月磯野撮影）

英米文学や英語コミュニケーションといった語学や国際関係が目立つ。彼らの
中には，外国人旅行者に対する観光ボランティアガイド活動を通して，自身の
語学力を試したり，これまで培ってきた専門性を活かしたりする者もいる。そ
して，全員が最低でも月に一度以上は活動に参加している。活動参加目的につ
いては，語学力向上を挙げるものが最多であった。他にも，異文化理解や外国
人の友人をつくることを意識するものもいる。さらに，街頭ボランティアガイ
ド活動の実施を契機として，多くの JLB ガイドが留学を経験している。留学
以外にも，海外旅行や海外の病院見学，海外研修など，国外への興味関心が高
まった者もいる。加えて，この活動を単なる経験に留めずに，それを昇華させ
てインバウンドビジネスを展開したケースもある。

3　街頭での観光ボランティアガイド活動

　2015 年 11 月から 2016 年 11 月の間，JLB が実施した観光ボランティアガイ
ド活動は 1517 件（3244 人）である。国別にみると，アメリカ合衆国 200 件
（433 人），オーストラリア 143 件（339 人），タイ 88 件（220 人），フランス 80
件（154 人），中国 69 件（159 人），イギリス 68 件（131 人），韓国 67 件（120 人），
シンガポール 54 件（118 人），マレーシア 50 件（106 人），ドイツ 50 件（84 人），

カナダ 49 件（109 人）など様々な国籍の外国人旅行者を案内している。中でも欧米諸国やオーストラリア，特に英語圏の外国人旅行者への実施件数が目立つ。一件当たりの案内人数は 2 - 4 人程度と少なく，10 人を超すことは滅多にない。

　JLB が街頭での観光ボランティアガイド活動を通して実施するのは，道案内とそれ以外の活動とに大別できる。聞き取り調査によると，依頼内容は道案内が 80%，それ以外が 20% である。以下，案内実績書の分析結果に基づき，観光ボランティアガイド活動の実態について詳述する。

(1) 道案内

　街頭での観光ボランティアガイド活動において道案内は主たる活動項目であり，外国人旅行者のニーズも極めて高い。道案内を依頼される訪問施設は，主に観覧施設（寺社，構造物，博物館など），商業施設（複合施設，雑貨店，服飾店，書店など），飲食施設（酒場，レストランなど），娯楽施設（映画館，カラオケなど），宿泊施設，その他に分類できる。その際，外国人旅行者が施設名を指定する場合と，JLB ガイドが推奨する施設を尋ねる場合とがあり，観覧施設と商業施設は前者，飲食施設と娯楽施設は後者に当てはまる。

　ハチ公像やモヤイ像を除くと，渋谷駅周辺域に知名度の高い観覧施設は存在しない。よって，観覧施設への道案内はハチ公像ないしモヤイ像がほとんどである。商業施設については店舗指定 315 件，指定なし 198 件と依頼件数は最多である。渋谷は若者文化の情報発信基地として国外でも認知度が高く，東急ハンズや渋谷 109，ロフトといった複合施設はロンリープラネットやトリップアドバイザーでも紹介されている。ゆえに購買目的で当該地域を訪れた外国人旅行者の多くは事前に商業施設を確認しており，そこへの案内を JLB ガイドに依頼している。

　他方，「漢字がプリントされた T シャツなど日本のお土産を買いたい」，「女性物のあまり高くない洋服を買えるところに行きたい」，「初音ミクのライブチケットが欲しい」といった特定の商品を購入できる店舗への案内や，「子供服を買いたい」「薬を買いたい」「百均に行きたい」など漠然とした要望も多数見受けられる。その場合，JLB ガイドが自身の訪問経験や知識を活かしつつ依頼内容に見合った店舗へ案内するという。飲食施設に関しては，店舗指定 164 件，指定なし 179 件と後者の要望件数が若干多くなっている。外国人旅行者が飲食

施設の指定する場合，その種類を問わずチェーン店であることが多い。具体的には，酒場であれば「Hub」，「塚田牧場」，「金の蔵」，レストランであれば「魚べい」，「一蘭」，「銀だこ」，カフェであれば「スターバックス」，「猫カフェMoCHA」などである。

　一方で，「日本食を食べたい」という広汎な内容もあれば，「回転寿司に行きたい」「おいしいラーメンを食べたい」「ハラルフードのレストランを探している」など目当ての飲食物がありつつも訪れるべき店舗がわからないといった内容もある。渋谷駅周辺域には回転寿司（天下寿司，元気寿司，魚べい，元祖寿司），ラーメン屋（一蘭，一風堂，蒙古タンタン麺中本）といった外国人旅行者のニーズの高いチェーン店が数多く立地している。それゆえ道案内だけでなく，どこに行くべきか JLB ガイドの意見を参考にする外国人旅行者も多いと推察される。娯楽施設については，その多くがカラオケや映画館，クラブ，プリント倶楽部（以下，プリクラ）を設置しているアミューズメントパークへの道案内である。渋谷駅周辺域には徒歩 5 分圏内に Calla Lily，センター街にプリクラのメッカといったプリクラ専門店が立地しているが，国外での知名度はさほど高くない。ゆえに単に「プリント倶楽部が設置してある場所」といった依頼が大半を占めている。カラオケについても同様の傾向がみられた。また，JLB ガイドによる道案内は日中に行われるため，クラブをはじめとするナイトライフ観光に関わる施設への道案内は一部（ATOM TOKYO）を除き少数であった。宿泊施設への道案内は「安く泊まれる場所はないか」といった依頼がみられるものの，14 件とそもそもの依頼件数が少なかった。その他については，「ATMに行きたい」（49 件），「コインロッカーを探している」（7 件），「トイレはどこか」（5 件），「喫煙所に行きたい」（4 件）といった意見も見受けられる。特にATM に関しては道案内の依頼が極めて多く，その際は近隣の都市銀行やコンビニエンスストアまで案内する。

　次に，訪問施設を指定した依頼内容に焦点を絞り，外国人旅行者の道案内要望先の地理的特性を説明する（図 12‑2）。実際の訪問施設は渋谷駅周辺域に集中しており，加えて明治通りや裏原宿（Line Friends Store，NIKE HARAJUKU，キディランドなど），京王井の頭線神泉駅南部域（開花屋，アパホテルなど）などにも拡がっている。道案内の要望件数最多はハチ公像（120 件）である。ハチ公像は JLB ガイドが待機するセンター街入り口からスクランブル交差点を挟ん

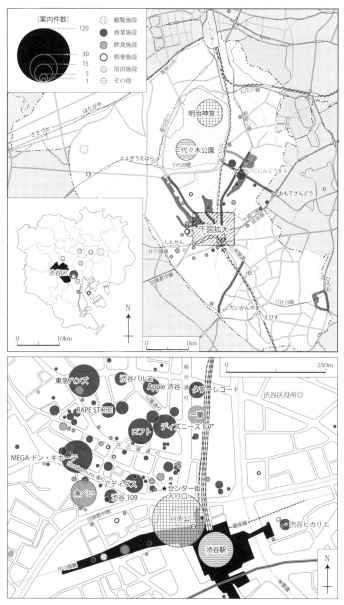

図 12 - 2　外国人旅行者の道案内要望先の地理的傾向（2015 年 11 月 −
2016 年 11 月）（JLB 提供資料により作成）

写真 12-3　渋谷駅を出発して地上を走行する銀座線（2018
年 3 月磯野撮影）

ですぐのハチ公前広場に立地している。にもかかわらず要望件数が多いのは，
スクランブル交差点が多差路であるがゆえに迷いやすく，かつハチ公前広場が
絶えず混雑する場所であり，自力でハチ公像を見つけ出すのが困難であるため
と思われる。また，実際に訪れた施設の大半は知名度の高いものであり，その
立地は公園通り，井の頭通り，センター街，Bunkamura 通りに偏っている。事
実，東急ハンズ（37 件），Mega ドン・キホーテ（34 件），ロフト（28 件），ディ
ズニーストア（25 件），一蘭（15 件），APPLE 渋谷（13 件），タワーレコード
（11 件）などはすべてこれらのストリート上に位置している。

　他にも，JLB ガイドはこれらのストリート上に立地する様々な飲食施設や商
業施設に外国人旅行者を案内している。渋谷駅周辺域以外に目を向けると，知
名度の高い明治神宮（27 件）や代々木公園（16 件）への道案内を依頼する外国
人旅行者は多い。加えて，渋谷区外の観光資源（東京スカイツリー，東京タ
ワー，六本木ヒルズ，大江戸温泉物語など）を挙げる外国人旅行者もいる。そ
の際，ほとんどの JLB ガイドは現地まで同行している。

　そして，他に特筆すべき点として渋谷駅への案内依頼が多い点が挙げられる
（38 件）。その内訳をみると JR が 14 件（うち山手線 8 件），京王井の頭線が 3
件，東急線が 3 件，東京メトロが 21 件（うち銀座線が 19 件）と，銀座線に関
わる要望件数が非常に多くなっている。銀座線は地下鉄でありながら渋谷駅か
ら一定区間は地上を走行しており，渋谷駅自体も地上階に存在する（**写真 12-3**）。

また，銀座線の新しいホームも 2019 年の開設に向けて今なお工事中である。それゆえ銀座線渋谷駅に辿り着けない外国人旅行者が続出しており，その最中で JLB ガイドを見つけ，銀座線改札口までの道案内を依頼することが多いという。

(2) 道案内以外の活動

　外国人旅行者は道案内だけでなく様々な質問や頼みごとを JLB ガイドに依頼している。渋谷駅周辺域を訪れる外国人旅行者のほとんどはスクランブル交差点の写真や動画を撮影している。その多くはハチ公前広場やセンター街前からスクランブル交差点を水平的に撮影しているが，中には高いところからの撮影を希望するものもいる。事実，「スクランブル交差点を高所から撮影したい」という要望が 20 件近く挙がっており，その際は渋谷マークシティの通路やスターバックス SHIBUYA TSUTAYA 店などを紹介している。また，近年渋谷駅周辺域で話題となっている LUNAR（6 件）や日本最大級の公道ツアーであるマリカー（4 件）など，当該地域でみられる「珍しいもの」への質問も数多く寄せられている。そして，日本最大級のターミナル駅である渋谷駅には，そこから東京ないし国内各地へ出発する外国人旅行者で溢れている。ゆえに次の目的地への行き方を訪ねる外国人旅行者も多く，原宿（58 件），表参道（26 件），新宿（16 件）などが代表的である。他にも「一緒に写真を撮ってほしい」「ハグしてほしい」といった即興の依頼を受けることもある。

4　外国人旅行者に対する観光ボランティアガイド活動の役割

　渋谷駅周辺域は若者の街ないしファッションの街として抜群の知名度を誇っており，かねてより外国人旅行者の訪問が顕著であった。また，渋谷駅は国内最大級のターミナル駅という性格上，自然発生的に外国人旅行者が集まる傾向が強かった。しかしながら，外国人旅行者の主目的はハチ公像やスクランブル交差点の撮影であり，実需に直結した対応策が必要な状況にあった。他方，JLB ガイドはスクランブル交差点と各種ストリートの入り口に当たるセンター街入り口で待機し，その先にある商業施設や飲食施設に外国人旅行者を案内していた。ゆえに JLB ガイドは外国人旅行者の観光行動空間の拡大の一助

となっており，それはインバウンド観光による経済的効果の向上に間接的に貢献していると思われる。

　外国人旅行者がJLBガイドに道案内を依頼した訪問施設は，大規模複合施設やハチ公像といった渋谷駅周辺域を代表するものから小規模な個人経営店まで多種多様であった。東急ハンズやロフトなどは大抵の旅行ガイドブックに掲載されており，また観光案内所を訪れたりストリートマップを入手したりすれば間違いなく辿り着くことができる。それにもかかわらず，これらへの道案内の要望件数は他と比べても圧倒的に多かった。その理由として，第一に渋谷駅周辺域一帯の地形条件が考えられる。渋谷駅は谷底に位置しており，そこから放射線状に拡がる道路の大半は坂道である（石井 2017）。かつ高層ビルが林立するため見通しが悪く，当該地域は極めて迷いやすい構造となっている。第二に，再開発に伴う渋谷駅の複雑化が指摘できる。東京オリンピックやその先に向けて，渋谷駅周辺域では今なお大規模な工事が進められている。よって観光資源となりうる商業施設や飲食施設は絶えず更新されており，工事中ゆえに目的地まで辿り着きにくい状況となっている。このことは，銀座線渋谷駅までの道案内の要望件数が多かったことからも看取できよう。以上のことから，絶えず変容を続ける渋谷駅周辺域において，単純な道案内であってもそれは外国人旅行者がストレスなく快適に回遊する上で重要な役割を担っていると判断できる。

　外国人旅行者に対する観光ボランティアガイド活動は，担い手であるJLBガイドにとっても大きな意味を有していた。JLBガイドのほぼ全員が30歳未満の若者であり，国際交流機会の享受を活動参加目的とするなどグローバル志向が非常に強い。語学力向上を目指す若者にとって，外国人旅行者への観光ボランティアガイド活動は，生きた外国語すなわち英語を実践で学ぶには格好の場である。この文脈において，英語圏の外国人旅行者の訪問率が高い渋谷駅周辺域は，観光ボランティアガイド活動を介した国際交流機会を創出する上で理に適った地域である。そして，JLBの活動に参加した多くの若者は，それを契機として留学や海外旅行を積極的に経験するようになった。すなわち，外国人旅行者に対する観光ボランティアガイド活動によって得られた経験が若者の留学や海外旅行の需要を喚起したと解釈することができよう。

(1) 東京都産業労働局 http://www.sangyo-rodo.metro.tokyo.jp/tourism/volunteer/volunteer3/index.html（最終閲覧日：2018年6月3日）

(2) 具体例として，TOKYO FREE GUIDE，TOKYO SGG CLUB，TOKYO FREE WALKING TOUR，本稿で取り上げる JLB などがある。詳細は各組織の Web サイトを参照のこと。

(3) SHIBUYA FUTURE 渋谷駅街区土地区画整理事業 http://re-shibuya.jp/（最終閲覧日：2018年6月4日）

(4) 2013年3月に閉店した。

(5) 後の渋谷パルコパート1を指す。2019年11月にリニューアルオープンした。

(6) 東京都産業労働局 http://www.metro.tokyo.jp/tosei/hodohappyo/press/2017/09/07/documents/17_03.pdf（最終閲覧日：2018年6月10日）

(7) IT Media ビジネス ONLiNE（2017年6月1日）http://www.itmedia.co.jp/business/articles/1706/01/news033.html（最終閲覧日：2018年6月11日）

■参考文献

石井研士 2017.『渋谷学』弘文堂.

浦　達雄 1985. 都心の新しい観光空間——渋谷・原宿・青山（観光レクリエーション NOW ＜特集＞）. 地理 30(8)：42-51.

小松　牧・中山　徹 2007. 奈良市における訪日外国人旅行者の旅行背景・意識・行動の実態. 日本家政学会誌 58：343-335.

日本観光振興協会 2018. 平成29年度観光ボランティアガイド団体調査結果について. https://www.nihon-kankou.or.jp/home/userfiles/…/h29vg_questionnaire_jtta_hp.pdf （最終閲覧日：2018年6月2日）

Funck, C. and Cooper, M. 2013. *Japanese Tourism: Spaces, Places, and Structures.* Berghahn.

Salazar, N.B. 2005. Tourism and glocalization "Local" Tour Guiding. *Annals of Tourism Research* 32: 628-646.

13章

若者のナイトライフと音楽観光
——クラブ・ライブハウスに着目して——

キーワード：ナイトライフ観光，音楽観光，夜間経済

　東京大都市圏は，2021年に開催予定の東京オリンピックに向けて，都市インフラの再整備や駅前再開発，観光案内所の設置と多言語での対応，日本食や伝統工芸といった文化資源の再評価など，ハード・ソフト両面において一層の変化を遂げようとしている。このように，都市観光は観光産業部門という限定的な分野にのみ影響を及ぼすのではなく，都市経済の創生という壮大な役割も担う。こうした都市観光に特徴的な観光形態として，ナイトライフ観光がある（池田 2017）。そもそも大都市はグローバル経済との結びつきの強さから，金融業や企業向けサービス業などを中心に24時間の活用を志向するが，同様に，都市観光においてもアフターファイブの経済活動が注目されているのである。本章では主に，若者ならではのナイトライフの特徴を音楽観光との関係から明らかにする。より具体的には，ナイトライフ観光資源であるクラブとライブハウスを研究対象とする。なお，これら施設を夜間音楽施設と定義し，これら施設を訪問する行動を夜間音楽観光と定義する。

　ところで，クラブやライブハウスの歴史やこれらの複合的な機能に関する研究は少なからず存在する（樺島 2009; 宮入 2011; 成瀬 2017など多数）。とりわけ国内のクラブやクラブカルチャーに関する研究は，2000年代半ばまで非常に少なく（中村・石橋 2006），社会学やカルチュラルスタディーズなどの領域において研究がみられるようになったのは，2000年代後半以降のことである。本章ではこれら先行研究を参照しながらも，夜間音楽観光資源としてみた場合のクラブ・ライブハウスの定義と観光行動の特徴や地理的特徴，およびそれらの違い

を概観しつつ，これら施設の集積の著しい地区における音楽観光関連サービス業の事例や，新たな行政政策の動向をみることにより，東京における若者向けの夜間音楽観光の特性に焦点を当てる。

1 ナイトライフと夜間音楽観光

(1) ナイトライフ観光研究の発現

　都市経済を大きく日中と夜間に分類すると，後者の夜間経済（Night-time economy）は近年になってはじめて焦点が当てられた研究主題である。ヨーロッパの地理学や都市研究において，特に 2010 年代以降，これまで学術的に焦点の当てられることのなかった夜間経済の特徴を明らかにすることが急務とされた（van Liempt et al. 2014）。こうした夜間経済の一形態としてのナイトライフ観光は，東京オリンピック前後の国家指針でもある観光産業振興に関連する政策に組み込まれ，2010 年代半ば以降，具体的資源の照会とモデルルートの作成等が求められている（池田 2017；東京都 2016）。こうした研究需要の高まりとは対照的に，ナイトライフ観光資源や夜間の観光行動の研究は極めて少ない現状がある。この要因の一つに，「ナイトライフ」という語彙・定義の地域ごとの違いが挙げられる。先行研究を概観しても，「ナイトライフ」の意味する具体的な施設の種類等に言及しているものは少ない（池田 2017）。一方で，同語には特定の場所・空間を意味する一定の含みがあるのも事実である。例えば，観光ガイドブックに記載された東京都の観光資源の特徴を明らかにした鈴木・若林（2008）は，ナイトライフ観光資源が欧米系外国人に特徴的な観光資源であり，東京都港区に空間的に集中することを示した。同論文で取り上げられている観光ガイドブック *Lonely Planet Tokyo* を一例とし，東京における当該項目を参照すると，英語を含む欧米言語での「ナイトライフ（night-life）」には，カフェやバー・パブ・クラフトビール店などの酒類を提供する娯楽場の他，クラブやゲイ・レズビアンの店，カラオケ店などが該当する。特にクラブやライブハウスといった音楽・ダンスの場は，前述の東京都港区に特徴的な観光資源でもあり，同語の意味する具体的施設であることは明らかである。

　さて，クラブやライブハウスは，従前の音楽観光に関する研究において積極的に位置づけられてこなかった。その要因として，夜間音楽観光が観光の一形

態として認知されるようになってきたのは，比較的近年のことであるためと推察される。音楽観光に関する既存研究の多くは，クラシックやオペラ，民族音楽を題材として取り上げたものが多い。これら音楽は歴史が古く，バイロイト音楽祭やザルツブルク音楽祭といったヨーロッパのクラシック音楽・芸術祭や国内のクラシック音楽祭，アメリカのポピュラー音楽，またハワイの伝統音楽など，音楽そのものが観光目的として成立し得るほどに観光資源として高く評価される。それに対して，本章で取り上げるクラブやライブハウスの歴史は浅く，また，主な担い手はその時代における若者という社会集団であったため，音楽性は時代の流行とも関わり，常に更新されてきた側面がある。また，クラシック音楽やジャズ音楽といった伝統音楽では，ヨーロッパや北米などの特定の都市で開催される文化イベントが本物の観光体験として評価され国際移動を伴う観光行動を促すのに対し，後者は，より日常的な余暇活動の延長として消費される側面もある。近年，若者を対象とする音楽フェスティバル（以下，音楽フェス）が観光・エンターテイメント産業として成長をみせつつある中（永井 2006; 2016），非日常的イベントである音楽フェスとは対照的に，クラブやライブハウスへの訪問はより日常的な音楽観光であるといえよう。また，近年の観光関連報告書では，ゆとり世代やプレ・ゆとり世代がコンサート等の音楽に消費する傾向が強まっているとの調査報告もあり，若者観光を理解する上でも，音楽は重要な消費財であると理解される（観光庁 2011; JTB 総合研究所 2012）。

(2) 夜間音楽施設の定義

クラブ・ライブハウスの正確な統計は存在せず，おおよその数値を把握するためにも，場所の定義に関する議論は避けられない。[1]そこで，以下ではクラブ・ライブハウスの法律および統計上の定義の確認と，現実社会における実態としての定義を比較検証する。

・法律および統計上の定義

クラブとライブハウスは，いずれも音楽を扱うサービス業であるが，総務省の日本標準産業分類の小分類（以下，産業分類）では，前者は宿泊業・飲食サービス業（バー・キャバレー・ナイトクラブ），後者は生活関連娯楽サービス業（興行場）に分類される。同分類は，それぞれの派生元であるサービス業やそれら

を管理・規制していた法律の違いによるところが大きく、クラブの前身とされるキャバレーやディスコは、性風俗特殊営業の許可取得を必要とする営業形態であり、「風俗営業等の規制及び業務の適正化等に関する法律」（以下、風営法）3号の適用対象であった。これは、照度の低いフロアにおけるダンスの許可申請を事業主側に義務づけるものであり、かつ深夜0時から6時までの時間帯は営業不可という営業時間の制限を受ける。したがって、同産業は警察庁・警視庁の管轄である。他方で、ライブハウスはジャズ喫茶やロック喫茶の流れをくみ派生してきた業種であるが（宮入・佐藤 2011）、統計上の定義においては、「映画、演劇、音楽、スポーツ、演芸又は見せ物を公衆に見せ、又は聞かせる施設」として該当することから、興行場法（昭和23年）の適用対象である。また、興行場の許可権を有するのは厚生労働省である。

・実態としての定義とその変容

　こうした法律・統計上の分類からクラブ・ライブハウスの概算の数値を取得できるが、その数値にはあまり積極的な意味がない。なぜならば、実社会における実態としての両施設の定義は、音楽の性質やパフォーマンスの仕方など、より質的なものにより定義され得るからである。また、実態を考えた場合に、「小規模なクラブは（風俗営業としての）許可を得ていないのがほとんど」であり、申請数は実態を現してはいないといえる（太田 2009）。実態として考えるならば、クラブ・ライブハウスはいずれも、酒類を取り扱う飲食業が基本にあり、そこに客側の踊りに必要となる音楽と空間を提供する場所がクラブ、他方で演者による演技・演奏などのパフォーマンスを提供する場所がライブハウスであると理解できる。また、両者には、音楽性に起因する文化属性の違いが存在する。クラブで提供される音楽は、エレクトロ、テクノ、ファンク、ハウス、EDMなどの電子音楽や、ヒップホップ、北米チャート音楽など、アップテンポな音楽が主体である一方、ライブハウスで提供される音楽は、演奏者による生演奏を伴う音楽ジャンルを主体とすることから、ロック、パンク、ジャズ、ポストロック、ヘヴィメタルなどが中心であるように、同じ夜間音楽施設ではあるが、音楽的特徴は大きく異なる。しかし、ライブハウス関係者に対する聞き取り調査によると[(2)]、近年は音楽ジャンルそのものの境界性が薄れつつあり、クラブでポストロックが演奏される場合もあれば、ライブハウスでヒップホップ

やアイドルのパフォーマンスが行われる場合もあるなど，境界の曖昧化がみられるという。さらに近年では，音楽バー（法律上の定義では，主として飲食を提供するレストラン，バーであり，通常の飲食店の申請で営業が可能）という新業態も増加の傾向にあり，統計類に施設の根拠を求めることはより一層困難になりつつある。

　また，クラブの法律上の定義は，照度の低い店内において客に遊興（ダンス）をさせることであるが，ライブハウスにおいてもロックやパンクなどの特定の音楽ジャンルで演者・演奏に呼応して体を動かす動き（モッシング）や，アイドルを応援するファンのダンス（ヲタ芸）が存在するなど，客のどの動きをダンスと定義するかも困難となりつつある。また，かつては提供する音楽性に施設として明確なアイデンティティを保持してきた事業主側も，昨今の音楽の多様化や音楽ジャンルの複雑化，音楽バー等のライバル業種の増加により，経営面としての選択から事業経営の多角化を意識する部分も動きもみられる（宮入・佐藤 2011）。この意味で，両者の境界の曖昧さは事業経営の規模と相関関係にあるとも推測される。

(3) 建造物の空間的特徴にみる観光行動の違い

　こうしたクラブ・ライブハウスの違いは，建造物の特徴にも現れ出る。クラブ自体は地上階・地下階のいずれにも所在し，特に大型クラブの場合，一施設内に複数のダンスフロアを有しており，フロアごとに，流す音楽や空間デザインが異なる。空間デザインは音楽担当の DJ（ディスクジョッキー）および照明・スクリーン映像等，視覚的演出担当の VJ（ビデオジョッキー）により行われるが，時間帯に応じて随時変化する。各フロア間をつなぐ通路では，これらフロアの周遊性を促すため，照明等の視覚的演出が施されている。また，クラブは建物内での周遊性が高いのに対し，建物外部からの閉鎖性は強い傾向にある。「ドア Door」と称される施設への入口付近では，年齢確認のための ID 確認やセキュリティチェックの他，施設によってはドレスコード確認や年齢・性別・国籍のバランスに留意する工夫が行われている。

　一方でライブハウスの場合，クラブのように複数のフロアを有さず，施設内の周遊性は低い。また，ライブハウスへの訪問客は，事前に演奏者・演者を確認した上で来場するため，クラブのように施設への来訪が目的とはならない傾

向にある。また，ライブハウスは地下に所在する傾向にあるが，防音工事等を
施している場合には，雑居ビルの空中階に所在する例もある。

2 東京都における夜間音楽観光の特徴

(1) 東京都における夜間音楽施設クラブ・ライブハウスの地理的特徴

・クラブの特徴

　全国のクラブに関する統計データは，警察庁の警察白書において 1984 年か
ら 2015 年までの詳細な申請数を時系列的に概観することができる。これを参
照すると，「接待飲食等営業 3 号（ナイトクラブ等）」は 1980 年代半ばから緩や
かな増加傾向にあり，1990 年には全国で 1000 件を超えたが，1991 年以降には
一転して減少傾向に転じており，2015 年現在は全国で 345 件にまで減少してい
る。東京都の場合，東京都警視庁独自の分類で過去 10 年間に限り統計を公開
しており，「ダンス飲食店」がナイトクラブに該当するが，これによると，2006
年の 45 件から若干の変動はあるものの全国の傾向と同様に緩やかな減少傾向
にあり，2015 年現在は 35 件である。これら警視庁・警察庁の統計類はクラブ
数の推移をみるには適しているが，既述のように実社会においてクラブとして
認識，あるいは利用されている施設・店舗数と異なる。

　そこで，実際のクラブ数を Web サイト「東京クラブマップ（Tokyo Club
Map）」で公開されている情報に基づき算出した⁽³⁾。クラブの地理的分布を都内
区別に件数順にみると，渋谷区（132 件），港区（73 件），新宿区（36 件）の順
に並び，同 3 地区のみで全体の 67.9% を占める（**図 14 - 1**）。この 3 地区に次い
で多いのは，世田谷区（21 件），中央区（17 件），文京区（15 件）であり，これ
らで残りの 17% を占める。その他にも，台東区，千代田区，江戸川区は，件数
こそ少ないものの 2015 年以降の開業が顕著であり，今後の 23 区東側のインバ
ウンド観光の発展可能性を示唆するものとも推察できる。例として秋葉原の
「MOGRA」はオタク文化の音楽を流す DJ バーとして 2009 年に開業した。収
容人数を増やすため 2015 年に改装している。

　こうした地区別で件数が 5 件以上の上位 8 位の地区を対象に，各クラブの最
寄り駅をみると，渋谷区・港区・新宿区・港区では主要駅に集中する。渋谷区
の場合には，渋谷区円山町および道玄坂に著しく集積がみられ，同一ビルの中

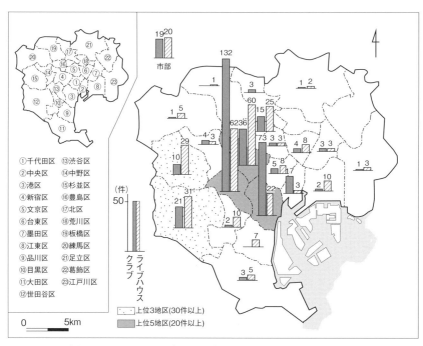

図14-1　東京都区部におけるクラブ・ライブハウスの地理的分布

に複数のクラブが所在する例も複数確認された。なお，渋谷駅を最寄り駅とするクラブと，恵比寿駅を最寄り駅とするクラブには，音楽性や客層に若干の違いがうかがえる。港区の場合も同様で，六本木界隈と青山界隈では音楽性や空間の作り方，来ている人の服装等，性質が若干異なる。こうしたクラブの質的差異は，それらが位置する地域の文化にのみ規定されるものではないと思われるが，興味深い特徴である。また，中央区のクラブは銀座・日本橋の駅界隈にのみ所在する（**写真14-1**）。これらの地区は，ビジネスエリアでの立地を活かし，ビジネス客を対象とするクラブである可能性がある。

・ライブハウスの特徴

　ライブハウスの場合，直接的な統計が非公開であるため，統計による正確な件数は割り出せない。そのため，独自の算出方法を用いた。本章では2017年

現在の地区別のデータを地理的情報として図示するため，Web サイト「Yellowspan」の情報を基に集計した。(4)その結果，ライブハウスは東京都全体で 320 件存在し，うち 300 件は東京都 23 区に，20 件が市部に所在することがわかった。東京都のライブハウスの地理的分布をみると，23 区西側に分布が偏在することがわかる（**図 14-1**）。また，地区別の件数順を全体に占める各地区の割合とともにみると，渋谷区 62 件（19.4%），新宿区 60 件（18.8%）と，同 2 地区のみで全体の約 38% を占める。この 2 地区に次いで多いのは，世田谷区 31 件（9.7%），杉並区 29 件（9.1%）の中央線沿線エリアで，19.3% を占める。この他，豊島区

写真 14-1　銀座のクラブ　銀座に 2017 年に設立されたクラブの一例である。周辺には高級ブランド店が軒を連ねる。（2017 年 6 月，池田撮影）

25 件，港区 22 件，目黒区 10 件と並び，23 区東側エリアの江東区 10 件，台東区 8 件にも少なからず立地する。なお，市部では件数として相対的に少ないが，代表的な市を挙げると，八王子市 5 件，国分寺市 3 件，町田市 3 件である。

　こうした地区別で件数が 10 件以上の上位 7 位の地区を対象に，これらライブハウスの最寄り駅をみると，渋谷区・新宿区・豊島区・港区では主要駅に最多数所在するが，世田谷区では下北沢，杉並区では高円寺と，町の歴史や文化的風土，知名度が大きく関係していると思われる。これら駅周辺を核とする地域は，若者文化という以上に音楽や演劇といった芸能全般に通じる独自のブランド力を有していると考えられよう。ライブハウスの歴史を概観すると，1970 年代のライブハウスは渋谷に数軒ある程度だったともされており（樺島 2009），渋谷，新宿，池袋，六本木などに立地するライブハウスと下北沢・高円寺などのそれとは，集積・存続要因が異なるとも考えられる。

(2) 夜間音楽観光の特性と関連サービス業の出現

　クラブ・ライブハウスの営業時間帯は通常，夕刻から深夜・早朝までであり，これら施設への観光目的での訪問は，夜間の音楽観光，つまりナイトライフ観光とみなせる。この音楽観光の担い手は若者が主体であるが，各施設の音楽性や開催イベント，キャパシティ，客層，ドレスコードの有無，雰囲気などにより，年齢層や性別などは幅広く変化するため，必ずしも若者のみに限定はされない。また，訪日外国人旅行者の訪問先として考えた場合，特定アーティストのパフォーマンスを提供するライブハウスよりも，ダンスのための音楽と空間を提供するクラブの方が，より人気であるといえる。

　そこで，訪日外国人旅行者の観光行動を明らかにするため，日本国内の外国人居住者・外国人旅行者向けの複数の英語観光情報発信 Web サイト[5]を参考に，訪日外国人旅行者に知名度の高いクラブを概観すると，外国人向けクラブ情報の中でも，とりわけ ageHa（新木場）や Womb（渋谷），Club Camelot（渋谷），Sound Museum Vision（渋谷）は複数の Web サイトで取り上げられており，一定の知名度があると思われる。また，これらクラブの Web サイトでは英語への対応が確認できることから，客層が国際的である可能性も高い。また，クラブのイベント事業そのものも海外とのつながりが強い傾向にある。例えば，Womb は，2010 年以降に Space Ibiza（イビサ島）や fabric London（ロンドン）でイベントを開催するなど，ageHa は 2017 年以降，Zouk KL（クアラルンプール）や BLOWFISH（ジャカルタ），M2（上海），ELECTRO（台北）といったアジア地域のクラブとのコラボレーションを行うなど，クラブに関わる業界の国際性が垣間見える。

　・ナイトライフツアー

　クラブを中心としたナイトライフ観光が国際的性格をもつ一方で，日本人・外国人旅行者がクラブ・バーを介在し，国際交流を行うナイトライフツアーもすでに存在する。主に六本木・渋谷界隈で開催されている「東京パブクロール（Pub Crawl）」はその一例であり，2008 年に開始された徒歩ツアーである。毎週金曜・土曜の週末のみ開催されており，東京をはじめとして，大阪（2015 年‐）および京都（2016 年‐）でも同様のサービス業が開始され，主要観光都市における新しいナイトライフ関連サービス業としての頭角を見せつつある。同イ

ベントのタイムスケジュールをみると，所要時間4時間の間に3-6件のバーを来訪した後，ツアーの終盤に六本木界隈のクラブを訪れるようになっている。また，来訪するバーやクラブは毎回異なり，少なくとも20件のバー・クラブが選択肢として存在する（The Japan Times, 2013年12月31日）。東京の場合，参加者の年齢，国籍，性別等は多様で，参加者数は約70-100人程度で，主要な年齢層は21-35歳であるという（Lonely Planet）。単独で合流する参加者もいることから，各種ゲームを通じて参加者間の交流を促すサービスも提供されている。また，参加費は都市により異なるが，東京の場合には男性が2500-3000円，女性が1500-2000円である。ただし，オンラインの旅行評価サイト，トリップアドバイザー経由で予約をすると，男女同料金の2500円で利用予約が可能である。同料金にはバー・クラブへの入場料やアルコールの一部料金が含まれる。また，クラブへの入場に際して待ち時間が発生する場合があるが，同ツアーを利用した場合には待ち時間なしで入れることもツアーを利用する利点として挙げられている。同種のイベントは海外の観光都市にも存在するが，東京ではこの種のツアーが事業化されたものとして初であるという。また，同ツアーはトリップアドバイザーにより優秀なツアーとして複数回認定されているが，特に2016年のハロウィーンでは850人の参加者を記録したことから，東京で最大規模のパブクロールツアーとして登録されている。こうしたことから，年齢や国籍を問わず，国際交流という点において東京のナイトライフ観光の一面がうかがえる。

・クラブ関連サービス業

　日本人・外国人双方の旅行者向けのサービス業も開始されている。オンライン予約サービスである「Envy Me」は，こうした新しいサービス業の一例である。通称で「大箱」と称される大型のクラブには，最上階部分にVIPエリア・座席を提供する場合もあるが，同エリアを使用するには入場料とは別のチャージ代が発生する。同サービスは，これらVIPエリアの一括検索を可能とするオンラインサービスであり，オプションとして主要駅からのリムジン送迎サービスなども提供する。この「Envy Me」は2014年に渋谷区に設立された株式会社により運営されている。同会社は，オンライン予約サービス業の他，イベントプロデュース業やクラブコンサルティング業，海外アーティストのブッキ

ングや通訳・翻訳業を主要業務とする。

3 夜間音楽観光振興の取り組みと行方

(1) 渋谷区におけるナイトライフ観光振興の取り組み

　民間での取り組みがある一方で，公的機関もナイトライフ観光に乗り出した。渋谷区観光協会が取り組む事業「渋谷ナイトマップ」はその一例である（**写真14-2**）。同事業は飲料メーカー伊藤園が開催するイベント「茶ッカソン[(7)]」において，「国際都市 SHIBUYA」を紹介するためのインバウンド向け SHIBUYA マップを作成するというテーマ企画のもと，2017 年 1 月に複数のグループよりアイデアが募られ，國學院大学学生のアイデアである「ナイトマップ」が採用されたことに端を発する事業であり，日本語と英語の 2 種類作成されている。また，同ナイトマップは，区内の観光案内所 3 か所と駅周辺の一部図書館や公共施設において配布されている。ナイトマップの作成に当たっては，渋谷区観光協会によるナイトアンバサダーの設置（2016 年）が寄与しており，ナイトマップの裏面にはナイトアンバサダーによる夜の観光ルートが三つ紹介されている。ただし，同マップの配布総数は渋谷区商工会議所の方で把握しておらず，観光案内所での聞き取り調査によると 1 日に数件程度の問い合わせであるとのこと

写真 14-2　渋谷ナイトマップ（2017 年 7 月，池田撮影）

から，旅行者への認知度は現時点では不明である。

　しかし，ナイトアンバサダーの設置（2016年）やナイトマップの作成・配布（2017年）など，渋谷区の近年の観光への新たな取り組みの背景には，2016年6月の風営法の改正が大きく関係しており，渋谷区への聞き取り調査によると，ナイトマップは同法律の改正1周年記念事業としての性格を含むとのことで，夜間の商業・観光業に独自性や強みのある渋谷区の新しい取り組みへの意欲がうかがえる。

　この風営法の改正に向けては，渋谷区・港区の様々なステークホルダーが積極的に従事してきたが，とりわけクラブ関係者としての立場から同運動に加わってきた団体である「クラブとクラブカルチャーを守る会」（2013年）は，渋谷区のクラブ関係者が主体となって組織した団体である。同団体は，クラブ文化に関する勉強会やDJ集会などを定期的に開催し，円山町周辺の清掃活動も行うなど，渋谷区円山町で中心的活動を行うが，風営法の改正に関する内閣府規制改革会議ワーキンググループに3回参加するなど，風営法改正に向けて積極的に従事してきた。また，夜間経済はヨーロッパにおいて注目されている都市事象であるが，その中心でもあるオランダで開催されたナイトメイヤーサミットに，同団体は日本代表として参加するなど，東京の夜間経済の担い手として積極的に世界へと情報を発信しようとしている。これら団体が求めてきた風営法の改正が実際に行われたことにより，クラブの営業形態や在り方も変革期に際しており，今後の動向が注視される。

(2) 東京都における夜間音楽観光の行方

　このように訪日外国人旅行者にも注目されるナイトライフ観光は渋谷区・港区において顕在化しつつあるといえる。とりわけ，六本木界隈で開催されているナイトライフツアー「東京パブクロール」は，週末開催という点で海外の都市観光の事例とも共通点を有しており，東京の週末観光の新しい可能性をうかがわせる。同ツアーサービスの提供は，大阪・京都でも開始されており，今後のインバウンド観光を考える上でも重要な事例と成り得よう。また，これらナイトライフ関連サービス業は，日本人・外国人という国籍区分を問わず展開していることも特徴の一つである。クラブのVIPエリアオンライン予約サービスなどのように，より特別な東京のナイトライフ観光体験を得ようとする若者

や旅行者を対象とする新しいナイトライフ観光サービス業に注視する必要もあろう。また，クラブの集積が渋谷区・港区の近接区に存在しているのは偶然ではなく，東京オリンピックに向けた動きの中で，両地区間の夜間の交通結節性や行政間の関係性に関して今後検討する余地が十分にあると考えられる。なお，渋谷・六本木間の都営バスの夜間運行は2013年12月から行われたが，試験的なものに留まった。しかし，民間ではシャトルバスの運行事例もあり，江東区新木場に所在地を置くクラブ ageHa は，2017年の夏季限定で渋谷駅道玄坂・ヒカリエと新木場を結ぶシャトルバスを無償提供した。こうした民間でのナイトライフ観光促進の動きの背景には，風営法改正によるクラブ事業の法律的立ち位置の明確化と，それによる業界の再編制がある。とりわけクラブは，風営法改正後の対応において，「健全」なクラブとそうでないクラブとに二極化していくとの予測もあり，こうした流れは東京都23区の都市観光政策とも不可分の関係にある。渋谷区の場合には，渋谷スクランブル交差点を中心として他区と一線を画す圧倒的な知名度があり，若者のみならず，世界へ向けての「SHIBUYA」の自然発生的な知名度やブランド力を，区が都市観光に活かそうとする流れも，日本の行政としては特筆すべき変化として理解できる。

(1) 両施設のルーツには諸説あり，クラブ・ライブハウスを単一の起源に求めるのは難しい。例えば，ライブハウスのルーツとされるジャズ喫茶やロック喫茶は，前者がレコードを流す，後者がライブパフォーマンスを扱うという性質の違いから，音楽性や文化性においても各々が対抗的な存在として発展してきた歴史があるとする一方で（宮入・佐藤 2011），ライブハウスはジャズ喫茶とは別個のものとして発生したとする意見もある（樺島 2009）。同様にクラブも，ディスコの現代版として解釈されることが多いが（中村・石橋 2006），これも単純化した図式であり，ディスコの商業性・大衆性を嫌いクラブが誕生したとする見方もあり（宮入・佐藤 2011），大規模なクラブがディスコとしての性格をもちあわせるのに対し，小規模なクラブにはディスコと異なる側面が見出されるというように，規模の違いにより定義されるとの見方もある（太田 2008）。こうした大衆的文化とそれへの対抗，ライブ文化とディスク文化の意味，ロックの殿堂と時代の最先端の流行発信という様々なせめぎあいの中で，音楽の場が世代とともに発展してきた一面もある（宮入・佐藤 2011）。

(2) 音楽業界に関する知識や実態に関しては，2015-2016年に実施した東京都内の

ライブハウスへの聞き取り調査を一部参考にした。

(3) Tokyo Club Map: http://www.tokyo-club.net.（last accessed 26 July 2017）

(4) Yellowspan: http://www.yellowspan.com/livehouse/（last accessed 25 July 2017）

(5) Web サイトは，Time Out Tokyo, Tokyo Cheapo, Tokyo Night Owl を参考にした。インターネット利用以外の詮索方法として，ホステルなどの宿泊所での問い合わせや，六本木や渋谷等のクラブ街として知名度が高い駅周辺で無作為に選定するなども想定されるが，これらはひとまず除外した。

Time Out Tokyo: The best Tokyo bars and clubs. https://www.timeout.com/city-guides/best-tokyo-bars-and-clubs/（last accessed 10 September 2017）

Tokyo Cheapo: Tokyo's Best Budget Clubs. https://tokyocheapo.com/entertainment/cheap-clubs-tokyo/（last accessed 10 September 2017）

Tokyo Night Owl: Top 5 Tokyo Nightclubs of 2017. http://www.tokyonightowl.com/top-tokyo-nightclubs-2017/（last accessed 10 September 2017）

(6) Lonely Planet: Tokyo Pub Crawl, Food, wine & nightlife in Tokyo. https://www. lonelyplanet. com/japan/tokyo/activities/tokyo-pub-crawl/a/pa-act/v-40080P1/356817（last accessed 1 September 2017）

Lonely Planet: https://www.lonelyplanet.com/japan/tokyo/nightlife/a/poi-dri/356817?subtypes = Club.（last accessed 10 September 2017）

(7) 同イベントは海外での日本茶の PR 事業の一環として 2014 年にシリコンバレーで開催され，以降は，シアトルやニューヨーク，東京，横浜，兵庫，京都で複数回開催されている。イベントではオープニングに約 30 分間の座禅時間を設けるなど，国内外のライフスタイル面において日本茶を PR する様子がうかがえる。

■参考文献

池田真利子 2017．世界におけるナイトライフ研究の動向と日本における研究の発展可能性．地理空間 10(2)：67-84.

太田健二 2009．クラブカルチャーの文化社会学的考察――メディア利用と空間利用という観点から．大阪大学大学院人間科学研究科紀要 35：273-291.

樺島榮一郎 2009．ポピュラー音楽におけるインディーズの成立．出口　弘・田中秀幸・小山友介編『コンテンツ産業論　混淆と伝播の日本型モデル』237-262．東京大学出版会.

観光庁 2011．若者旅行振興研究会第一期の研究結果について．http://www.mlit.go.

jp/common/000219295.pdf（最終閲覧日：2017 年 7 月 17 日）

JTB 総合研究 2012. 若者の生活と旅行意識調査. https://www.tourism.jp/wp/wp-content/uploads/2012/12/research_121212_youth.pdf（最終閲覧日：2017 年 7 月 17 日）

鈴木晃志郎・若林芳樹 2008. 日本と英語圏の旅行案内所からみた東京の観光名所の空間分析. 地学雑誌 117(2)：522-533.

東京都 2017. 『PRIME 観光都市・東京——東京都観光産業振興実行プラン』. 東京都.

永井純一 2006. ＜参加＞する聴衆——フジロックフェスティバルにおけるケーススタディ—. ポピュラー音楽研究 10：96-111.

永井純一 2016. 『ロックフェスの社会学——個人化社会における祝祭をめぐって』ミネルヴァ書房.

中村有吾・石橋正浩 2006. クラブ・カルチャーから見えてくる主体(1)——臨床心理学的視座を加えて. 発達人間学論叢 9：53-62.

成瀬 厚 2017. 音楽的星座：徘徊し, 集うミュージシャンとオーディエンス. 神谷浩夫・山本健太・和田 崇編『ライブパフォーマンスと地域 伝統・芸術・大衆文化』86-105. ナカニシヤ出版.

宮入恭平・佐藤生実 2011. 『ライブシーンよ, どこへいく ライブカルチャーとポピュラー音楽』青弓社.

Van Liempt, I., Van Aalst, I. and Schwanen, T. 2014. Introduction: Geographies of the urban night. *Urban Studies* 52(3): 407-421.

14章

若者を惹きつけるナイトクルーズ
──東京湾納涼船の集客戦略──

キーワード：ナイトクルーズ，東京湾納涼船，集客戦略

　ナイトクルーズは都市観光におけるアトラクションとして，世界中の河川や港湾付近につくられた都市でみられる（Law 1993; Pearce 1996）。こうしたナイトクルーズは，レストランクルーズやパーティクルーズなどの交流の空間，港湾クルーズなどの景色や夜景観賞の空間として利用されている。東京湾においては，江戸時代から続く伝統的な屋形船，工業地帯の夜景を船上から観賞する工場夜景クルーズ，船を貸切って船上パーティーを行うものなど，都市の夜間において様々なナイトクルーズの形態がある。金ほか（2013）は，クルーズ船を運航形態によって港湾クルーズ（horbor cruise or bay cruise），諸島クルーズ（island cruise），パーティクルーズ（party cruise），レストランクルーズ（restaurant cruise），長距離クルーズ（leisure cruise），外航クルーズ（ocean cruise）の六つに類型化している。以上の類型に従うと，都市におけるナイトクルーズは，港湾クルーズ，パーティクルーズ，レストランクルーズの運航形態上の特徴をあわせもっている。

　近年は夜間経済として世界中の都市で夜間の観光振興が注目されている一方で，日本の都市では若者や外国人観光者の夜間の観光需要は満たされていない状況が指摘されている（木曽 2017）。このような状況から，都市におけるナイトクルーズは時間と料金に制約がある長距離クルーズや外航クルーズのような高齢者層やリタイヤ層の利用だけでなく，若者にとっても一定の需要が見込まれる。

　そこで本章では，東京におけるナイトクルーズの一つとして「東京湾納涼船」

を取り上げ，東京湾納涼船の歴史や客層について整理し，東京湾納涼船の運航システムを明らかにするとともに，東京湾納涼船の若者の集客戦略と利用実態をとらえる。まず，文献調査や東京湾納涼船の運航会社である東海汽船株式会社への聞き取り調査から運行システムや東京湾納涼船の客層の変化を検討する。さらに，乗船客に対してアンケート調査を実施することで，東京湾納涼船の利用実態について明らかにするとともに，特に若者の乗船客の利用特性について詳細に検討する。

1　東京湾納涼船の概要と歴史

　東京湾納涼船は 1950 年 7 月 25 日に始まった 60 年以上の歴史のあるナイトクルーズである。最初期の東京湾納涼船は東京港の月島埠頭から出港し，羽田沖まで運航して再び月島埠頭に戻る航路であったが，その後現在と同様に東京港の竹芝埠頭発着に変更された（**図 13-1**）。東京湾納涼船は伊豆諸島方面への海運関連事業を運航する東海汽船によって運行されており，2003 年からは全長約 120m の貨客船「さるびあ丸」一隻を利用して運航されている（**写真 13-1**）。開始当初から現在に至るまで，東京から伊豆諸島方面の大型貨客船の竹芝埠頭への停泊時間を利用し，東京湾を周遊する約 2 時間のナイトクルーズを展開しており，2016 年現在では 1 日当たり約 1500 人が乗船している（**写真 13-2**）。

　東京湾納涼船は 1950 年から続くナイトクルーズであるため，初期の東京湾納涼船の様子を示す資料は多くない。しかし，過去の新聞記事を読み解くことで，夏のレジャーの一つとして紹介された過去の東京湾納涼船の様子を知ることができる。1961 年 7 月 9 日読売新聞東京版によれば，当時の乗船券は 150 円で，「アベックや家族連れ約五百人が上甲板につくられたホールでダンスをしたり食事をしたり楽しいひとときを過ごしていた」ことが紹介されており，当時の納涼船の客層や船内コンテンツを知ることができる。さらに，1968 年 6 月 18 日朝日新聞東京版によれば，1967 年夏の乗船客数は約 14 万人であり，「ロマンチックな船旅気分にひたれるとあって，家族連れやアベックに人気」と当時の東京湾納涼船の様子が紹介されている。つまり，1950 - 1960 年代までの東京湾納涼船は，家族連れやカップルが主要な客層となっており，東京湾という都市に隣接する身近な海を利用したナイトクルーズとして親しまれていたことが

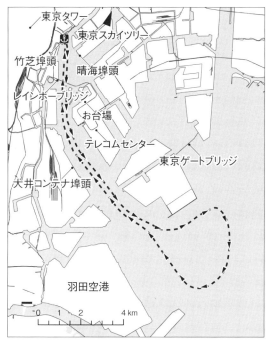

図13-1　東京湾納涼船の航路（東海汽船資料により作成）

写真13-1　東京湾納涼船に利用される貨客船さるびあ丸
（2017年7月21日筆者撮影）

写真 13 - 2　客船ターミナル待合所で乗船を待つ若者（2017
年 7 月 21 日筆者撮影）

示されている。

　一方，1970 年代になると東京湾納涼船を取り上げた新聞記事の内容に変化が
みられるようになった。1978 年 8 月 1 日朝日新聞東京版によれば，東京湾納涼[(3)]
船の様子について「夏休みも十分に取れない働きバチたちの，せめてもの憂さ
晴らしの場所」「庶民の一夜だけの「船出の夢」」として紹介されており，東京
湾納涼船の主要な客層が会社員などのサラリーマンであったことが示されてい
る。これとは反対に，東京湾納涼船が発着する竹芝埠頭からは「離島に向かう
若者の姿が目立つ」としており，東京湾納涼船の客層と離島に向かう若者を対
比させながら紹介されている。つまり，1970 年代の東京湾納涼船は，伊豆諸島
にレジャーに向かう若者たちと対照的な存在として取り上げられており，東京
湾納涼船は会社員などのサラリーマンたちの悲哀を象徴する存在として新聞記
事に描かれている。以上のように，1950 - 1960 年代の東京湾納涼船の主要な客
層は家族連れや恋人同士の利用が主だったが，1970 年代になると会社員などの
サラリーマンの宴会の場としての性格が強くなった。このような客層の傾向は
以降も続き，1990 年代の船内では落語や手品，サンバなどの 40 - 50 歳代向け
のコンテンツが提供されていた。また，1990 年代の初めには，東京臨海部の再
開発の一環として竹芝埠頭周辺地域の再開発が行われ，埠頭周辺にホテルや若
者向けのショッピングビルが建設された（太田 2015）。このような 1990 年代以

降に東京臨海部に出現した様々な観光スポットは，若者の関心を引き付けるようになっていった。以上のように，40-50歳代向けのコンテンツの提供や，東京臨海部の状況の変化によって，東京湾納涼船の若者の乗船客数が減少し，1990年代における乗船客数全体の低迷の一因となったと考えられる。

2 東京湾納涼船の航路と運航システム

東京湾納涼船は竹芝埠頭を出港した後進路を南にとり，まもなくレインボーブリッジの下を通過する（図13-1）。クルーズ中には，船のデッキから東京タワーや東京スカイツリーなどの海から離れた建築物の夜景も望むことができ，約2時間のクルーズで東京湾を中心とした東京の夜景を一望することができる。乗船料を支払えば船内での飲み物代は無料であるが，船内では様々な種類の軽食が販売されており，東京湾の夜景を眺めながら飲食を行うことができる。また，利用プランによっては船内のレストランや個室やお座敷が利用でき，これらは定額での飲食が可能となっている。さらに，船内に設置されたステージでは様々なパフォーマンスが行われており，これらの船内コンテンツも東京湾納涼船の一つの特徴となっている。

東京湾納涼船は伊豆諸島方面への大型貨客船のわずかな停泊時間を利用した特殊なクルーズであるため，運航システムも独特である。東京湾納涼船は大型の貨客船を利用することにより，一度に大量の乗船客を乗せることが可能となり，1人当たりの乗船料を抑えることが可能となっている。図13-2は東京湾納涼船の1日の運航スケジュールを示したものである。17：40には東京湾納涼船として利用されるさるびあ丸が伊豆諸島方面から竹芝埠頭に入港すると同時に，伊豆諸島から乗船した客の下船と積み荷のコンテナの荷揚げが行われる。これと並行して，さるびあ丸を東京湾納涼船として利用するための準備も行われ，クルーズ中に提供される飲食物の搬入や船内コンテンツのためのステージの準備，船内の装飾，船の客室に納涼船の個室席として利用するためのテーブルの搬入・設置が行われる。東京湾納涼船のための準備は概ね18：30には完了し，18：45には客の乗船が開始される。

さるびあ丸の船内では，19：15に竹芝埠頭を出港してから21：00に再び竹芝埠頭に戻るまでの約2時間の間に，飲食物の提供や船内のステージでのライブ

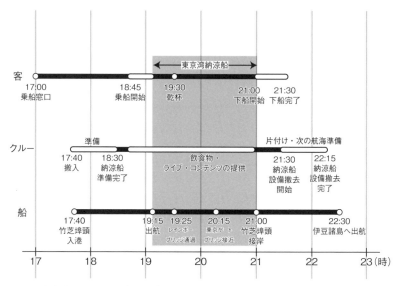

図13−2　東京湾納涼船の運航スケジュール（東海汽船への聞き取り調査により作成）

パフォーマンスが展開される。東京湾を周遊した後，21：00 の竹芝埠頭の接岸とともに乗船客の下船が開始される。21：30 から東京湾納涼船のためのステージや船内装飾，テーブルなどが撤去され，次の伊豆諸島へ向けた航海のための準備が行われる。以上のように，定期航路の合間に運航される東京湾納涼船には，独自の運行システムが導入されている。

3　東京湾納涼船の若者の集客戦略

図 13−3 は 1990 年代以降の東京湾納涼船の乗船客数と年間の運航回数の推移を示している。これによれば，1990 年代のピークである 1990 年には年間約 8 万 2000 人であった乗船客数は徐々に減少していき，2000 年には約 4 万 5000 人にまで減少したことが示されている。このような状況に対して，東京湾納涼船の運航会社である東海汽船は乗船客数の回復，とりわけ若者の集客力を向上させるための戦略を展開するようになった。まず，2000 年には，ゆかたを着用した女性客の乗船料を無料にするキャンペーンを展開した。これと同時に，船

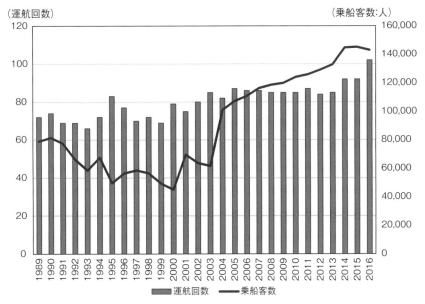

図 13-3　東京湾納涼船の乗船客数と年間運行回数の推移（東海汽船資料により作成）

内コンテンツとしてゆかた姿の女性が船内のステージでパフォーマンスを行う「ゆかたダンサーズ」が導入された。乗船料については，翌年の 2001 年からこれまでの男性 3700 円と女性 2700 円から男女ともに 2500 円まで値下げされた。さらに，2001 年からは男女ともゆかたを着用した乗船客に対する「ゆかた割引」が導入された。この「ゆかた割引」は 2017 年現在も継続して行われている割引キャンペーンとなっている。つまり，2000 年以降はゆかたを東京湾納涼船の一つのアイコンとして位置づけることで，若者の利用が低迷した東京湾納涼船のイメージを転換し，若者の利用者を増加させること目指したのである。

　さらに，もう一つの転機となったものは，2004 年の「ゆかたダンサーズ」出演者の公募オーディションの導入である。これまではダンス専門学校の学生によるパフォーマンスであったが，2004 年以降はテレビ局関連の番組制作会社によってオーディションが行われるようになった。これにより，東京湾納涼船は様々なメディアから注目されるようになり，2017 年は 8 人の募集に対して 138 人の応募があった。また，オーディションの経過やダンスレッスンの様子は随

時 Web サイトや SNS で発信されており，これらの情報が「ゆかたダンサーズ」のみならず東京湾納涼船への若者の関心を惹きつけるようになった。以上のような取り組みによって，2003 年には年間約 6 万 2000 人であった乗船客数が2004 年には約 10 万 1000 人を超えるようになり，以降の年間乗船客数は増加傾向にある。

　また，同時期にクルーズを盛り上げる船内テレビ番組が放送されるようになり，プロのラジオパーソナリティによる「クルージングナビゲーター」とそれをアシストする「キャンパス DJ」が募集されるようになった。キャンパス DJ には大学や短期大学の放送研究会・アナウンス研究会に所属するアナウンサーを目指す学生が参加し，船内放送によって東京湾納涼船を盛り上げる役割を果たしている。船内テレビ番組では，キャンパス DJ によってイベントや船内各所の中継レポート，イベントの前説などが行われる。なお，キャンパス DJ についてもオーディションが実施されている。キャンパス DJ の男性はアロハシャツ，女性はゆかたを着用する決まりになっており，船内の雰囲気づくりに配慮されている。

　さらに，東京湾納涼船の運航期間は年々延長されており，2014 年以降は 9 月の下旬，2016 年は 10 月上旬まで運航されるようになった。運航期間の延長に伴い，東京湾納涼船の年間運航回数も年々増加している。なお，「ゆかた割引」の他にもインターネットでの予約による「ネット割引」，9 月の平日限定の割引である「平日秋割引」が導入され，乗船料に対する様々な割引が実施されている。

　また，2014 年の 9 月の下旬からは，「ハロウィンウィーク」として客に海賊などの仮装を促すキャンペーンも実施された。以上のように，2000 年代から東京湾納涼船は若者を呼び込むための割引や船内コンテンツなどの戦略を次々と展開し，乗船客数の増加につながっている。また，2013 年には「ゆかたの街　浜松町・大門」として，東京湾納涼船が発着する竹芝埠頭周辺の商店でゆかた客に対して割引があるキャンペーンや，竹芝埠頭周辺のショッピングビルで東京湾納涼船乗船客の限定メニューが考案されるなどの竹芝埠頭周辺での地域受容基盤も整備されつつある。さらに，2017 年には下船後にバスで東京タワーまで送迎するサービスが開始されるなど，下船後の客を竹芝埠頭周辺やその近隣の地域に滞在させるための様々な取り組みが行われている。

4　東京湾納涼船と若者の利用実態

　以下，2017年8月2日（水）に筆者らが実施したアンケート調査に基づいて，東京湾納涼船の乗船客の年齢や職業などの属性，納涼船の利用動機を把握し，東京湾納涼船の利用実態を検討する。アンケート調査では，竹芝旅客ターミナルで乗船を待つ無作為に選択した東京湾納涼船の乗船客にアンケート調査票を配布し，117人から回答を得た。回答者の性別は男性が35.0%，女性が61.5%，無回答が3.4%となっていた。東京湾納涼船の乗船客数の年齢と職業では，回答者の87.2%に該当する102人が18-34歳の若者となっており，東京湾納涼船が若者の支持を集めていることが示されている。職業については，大学生が50.4%，大学院生が4.3%，専門学校生が0.9%，会社員が39.3%，無職が1.7%，無回答が2.6%となっており，大学生と大学院生で回答者の半数以上が占められていた。

　図13-4は東京湾納涼船の乗船客の居住地を職業別に示したものである。これによれば，会社員と比較して学生（大学生，大学院生，専門学校生も含む）の居住地は多摩地域を含む東京西部から神奈川県の北部まで広がっていることがわかる。このことは，多摩地域に多くの大学が立地していることが関連している。「自宅から直接きた」乗船客は，学生は65.6%，会社員51.1%であった。つまり，会社員の乗船客のうち約半数は平日の休みを利用して乗船しており，これは休日に会社の宴会として乗船するパターンである。

　東京湾納涼船の乗船理由は，学生と会社員ともに「船に乗ることを楽しむ」の64.6%と58.7%が最も多い。会社員は「お酒を飲む」についても「船に乗ることを楽しむ」と同率の58.7%で最多であった。また，乗船目的として「ゆかたを着る」をあげた回答者は学生では53.8%で2番目に大きな乗船理由であった。「夜景を楽しむ」については，学生と会社員ともに3番目の乗船理由となっていた。また，「写真を撮る」や「SNSで共有」といったフォトジェニック（写真に撮った時に絵になるか，真新しさがあるかというという要素（藤本 2015））な項目に対しては，学生の回答者はそれぞれ41.5%と15.4%が回答していたのに対して，会社員では「写真を撮る」が28.3%にとどまった。反対に，乗船目的に「お酒を飲む」を挙げた回答者は，学生では5番目（35.4%）の理由で

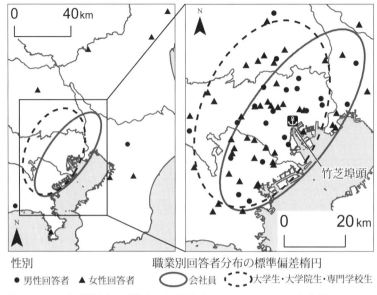

性別
● 男性回答者　▲ 女性回答者

職業別回答者分布の標準偏差楕円
⬯ 会社員　⬮大学生・大学院生・専門学校生

図 13 - 4　東京湾納涼船の乗船客の居住地（アンケート調査により作成）

あったのに対して，会社員では最も多い（58.7%）乗船理由となっていた。つまり，会社員はお酒を飲む場所としての東京湾納涼船を重視しているのに対して，学生は写真撮影や SNS での共有体験をより重視していた。一方，船に乗ることや夜景などのナイトクルーズに特徴的な体験は，学生と会社員に関係なく重視されていた。

　他のナイトライフと比較して東京湾納涼船を選んだ理由としては，学生では「値段が安い」が 53.1% で最多であった。一方，会社員では「船に乗れる」と「ゆかたを着られる」がそれぞれ 46.3% で最多であった。つまり，学生だけでなく会社員の乗船客もゆかたを着る非日常体験を重視していたことが示された。

　18 - 34 歳までの若者の回答者の日常的なレジャー特性はどのようなものなのだろうか。以下，回答者のうち 18 - 34 歳に限定して東京湾納涼船の若者の利用実態を検討する。18 - 34 歳までの回答者のうち，83.9% に該当する 73 件が「ゆかた割引」を利用しており，18 - 34 歳までの女性の回答者のうちの89.7% の 52 件がゆかたを着用していた。**図 13 - 5** は回答者の若者に人気のあるレジャー体験を示したものである。若者の回答者のうち，「制服ディズニー」

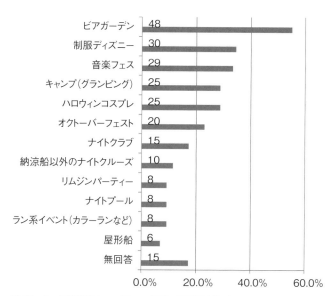

図 13 - 5 **若者特有のレジャー体験**（複数回答可，N=87。アンケート
調査により作成，18 - 34 歳までの回答者のみ集計，グラフ上の数値は
実数）

と「ハロウィンコスプレ」の経験はそれぞれ 34.5％と 28.7％となっており，若
者に人気のレジャー体験の中でも「変身」を伴う体験の経験者は多い。藤本
（2015）によれば，「制服ディズニー」や「水族館のゆかた割」は非日常体験ができ
る口実とお得感で人気を集めているとされている。つまり，若者の乗船客の多
くはゆかたを着て「変身」することによる非日常の体験を重視しており，東京
湾納涼船における「ゆかた割」はこうした若者の需要をとらえたものといえる。

　図 13 - 5 に示したもののうち，「オクトーバーフェスト」「ナイトクラブ」「リ
ムジンパーティー」「ナイトプール」「ラン系イベント」「ハロウィンコスプレ」
は原田（2016）のあげていたパーティーピープル（海外セレブや国内の一部で流
行っているものをいち早く見つけ出す嗅覚を持ち，それを自分のものにしてマ
スに対して伝導する役割をもつ存在（以下，パリピ））が好むレジャー体験である。
このうち，「ナイトクラブ」を利用したことがある回答者は 17.2％にとどまり，
「リムジンパーティー」と「ナイトプール」の体験がある回答者はそれぞれ
9.2％であった。つまり，東京湾納涼船の乗船客の傾向としては，パリピが好む

レジャー体験を経験している者は少数にとどまった。なお，東京湾納涼船と同様のナイトクルーズである「屋形船」や「納涼船以外のナイトクルーズ」の体験がある回答者は6.9％と11.5％であった。

　また，回答者の東京湾納涼船乗船のきっかけとしては，「学校の友人」が65.0％と最も多く，次いで「職場の同僚」が19.0％であった。これに対して，「自身で企画」した回答者は9.0％となっており，回答者の大半が誰かに誘われて乗船していたことになる。原田（2016）によれば，パリピは日常的にナイトクラブに通い，自身で旅行などを積極的に企画する存在として特徴づけられている。しかし，回答者のレジャー頻度の大半は月に1回程度や2-3か月程度に1回程度の頻度であった。これらをふまえると，東京湾納涼船の乗船客は原田（2016）のいうパリピの下位に位置づけられるサーピーやパンピー，つまり流行の追従者にも多く利用されていると考えられる。したがって，東京湾納涼船は大学生を中心としたパリピ以外の若者にとって金銭的にも心理的にも乗船する障壁が低く，気軽に利用できるナイトライフとして定着しているといえる。

5　東京におけるナイトクルーズの今後

　日本におけるクルーズは，利用料金が高額であることと利用客が高齢者層に偏っていることに大きな特徴がある。これに対して，都市における港湾クルーズの一つである東京湾納涼船では，以下の二つの特徴が見出せた。一つは東京湾納涼船の乗船料の安さと，もう一つは若者向けのコンテンツの充実である。伊豆諸島への大型貨客船の停泊時間を利用した東京湾納涼船は，独自の運行システムを確立することで短時間のうちに多数の乗客を乗船させることを可能にするとともに，1人当たりの乗船料の値下げにもつながっている。また，運航会社である東海汽船は2000年代以降に段階的に乗船料を値下げするとともに，ゆかた割引などの割引キャンペーンを実施することでさらなる低料金化を図った。もう一つの特徴は，ゆかたダンサーズをはじめとした若者向けのコンテンツを充実させることで，東京湾納涼船の客層の転換が行われたことである。このことは，学生を中心とした若者に対して大きな利用動機となっていた。

　以上のような運航会社の集客戦略による若者向けのコンテンツとともに，東京湾納涼船の利用動機には船に乗ることそのものを楽しむことや東京湾の夜景

を楽しむことも重要な乗船理由となっていた。この傾向は，学生や会社員の双方でみられ，東京におけるナイトクルーズに対して一定の需要があることが示された。また，東京湾納涼船は他のナイトライフと比べて，金銭的にも心理的にも乗船する障壁が低い。つまり，若者にとって東京湾納涼船はナイトクルーズ利用の一つのきっかけになるとともに，東京湾納涼船の乗船を契機として他のナイトライフへの入り口となりうる。

(1) 読売新聞東京版 1961.「駅の外まで行列　新宿は夜行登山組ワンサ」. 1961 年7 月 9 日.

(2) 朝日新聞東京版 1968.「減る東京湾納涼船」. 1968 年 6 月 18 日.

(3) 朝日新聞東京版 1978.「うさ晴らし　東京湾の夜」. 1978 年 8 月 1 日.

▨参考文献

太田　慧 2015. 東京臨海部における港湾再開発と土地利用変化の特性―東京都港区海岸地区を事例に. 地学雑誌 124：525-544.

木曽　崇 2017.『「夜遊び」の経済学　世界が注目する「ナイトタイムエコノミー」』.（光文社新書）光文社.

金　戊丁 2013. 東北アジアクルーズ市場と都市観光の活性化――日本の福岡と韓国の済州道. 東アジア研究 第 13・14 合併号：1-29.

原田曜平 2016.『パリピ経済　パーティーピープルが市場を動かす』.（新潮新書）新潮社.

藤本耕平 2015.『つくし世代　「新しい若者」の価値観を読む』.（光文社新書）光文社.

Law, C. M. 1993. *Urban tourism: Attracting visitors to large cities.* London: Mansell.

Pearce, D. 1996. *Tourism today: A geographical analysis,* Second Edition. Longman.

15章

自然体験の場を提供する市民活動
──子どもの遊び場としての都市公園──

キーワード：自然体験，子ども，都市公園，遊び場，県立座間谷戸山公園

　高度経済成長期以降，都市化の進展に伴って里山や小川といった自然地，町中に存在したオープンスペース，街路といった子どもの遊び場は大きく減少した（寺内ほか 2006）。近年では生活圏に緑地が少なく，生物多様性に乏しいことを背景に，自然との付き合い方を知らない子どもやそれを教えることのできない大人が増加している。ゆえに，自然を対象とした遊びが子ども世代や孫世代に十分に引き継がれていない状況にある（椎野 2013）。また，都市化の影響によって身近な自然も喪失しつつある現在では，夜空いっぱいに輝く星をゆっくり鑑賞したり昆虫を捕まえたりといった自然体験は年々減少傾向にある[1]。しかしながら，幼少期や児童期の自然体験をいかに豊かなものにしていくのかは成人への健全な成長に極めて重要な課題であり，その場と機会を最大限整える必要があるといわれている。2011 年度には環境保全活動・環境教育推進法が改正され，「学校教育における環境教育の充実」「自然体験等の機会の場の提供の仕組み導入」などを骨子とする環境教育推進へのより実践的な指針が示された。こうした状況下，年少期ないし児童期における自然体験は以前にもまして求められるようになっており，あわせて環境教育や自然余暇に対する需要も増加傾向を示している（高橋 2012）。そこで本章では，首都圏に位置する神奈川県座間市の県立座間谷戸山公園を対象として，子どもに対する自然体験の場がどのように提供されているのかを明らかにする。

1 座間市における人口増加と都市化

　座間市は神奈川県のほぼ中央に位置し，2015年時点で12万8737の人口を擁する首都圏の住宅都市である（**図15-1**）。市西域には相模川が南北に流れており，沖積低地が広がっている。また，市域の大半を占める丘陵と台地に市街地が形成されている。座間市の地形は西部の相模川沖積低地，中央部の座間丘陵，東部の相模原台地の三つの地域に区分することができる。沖積低地と丘陵・台地との境界は10m程度の段丘崖となっており，市域を南北に縦断している。こうした段丘崖下や谷底には各所に湧水がみられる。

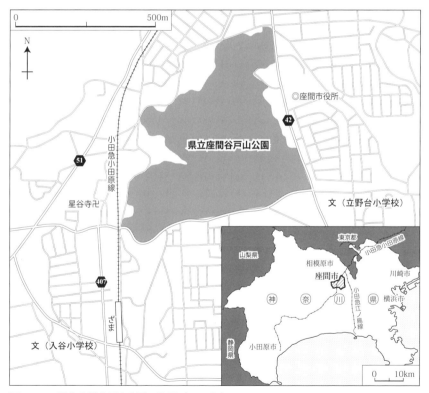

図15-1　県立座間谷戸山公園の位置（2018年）

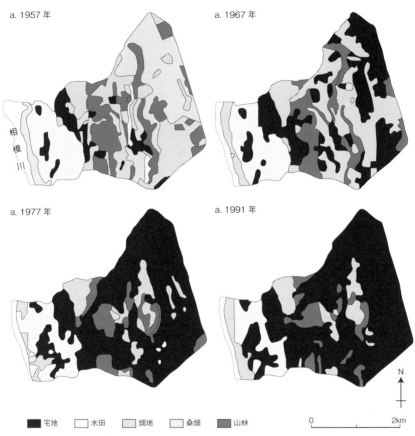

a. 1957 年

a. 1967 年

a. 1977 年

a. 1991 年

■ 宅地　□ 水田　▨ 畑地　▦ 桑畑　▨ 山林　　0　　　　2km

図 15 - 2　座間市における土地利用変化（座間市 1993 により作成）

　座間町[(2)]は都心から約 40km，横浜から約 20km と大都市近郊に位置するため，高度経済成長期以降はベッドタウンとして急激に発展した（座間市 2016）。また，地下水も豊富で広大な敷地が比較的容易に確保できた座間町は，町の振興策として工場誘致に積極的に乗り出した。その結果，東洋ナイロンファスナー工場（1957 年），岡本理研ゴム・田谷精機・三協紙機（1959 年），東京コスモス電機（1960 年）といった大企業の工場が次々と進出した。そして 1964 年に日産自動車の工場が立地すると，座間町は自動車産業を中心とする工業都市としても発展していった（**図 15 - 2**）。

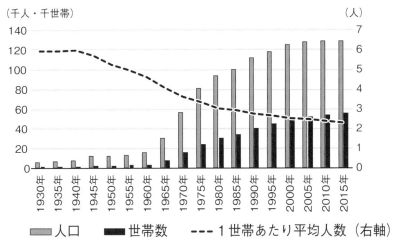

（千人・千世帯）　　　　　　　　　　　　　　　　　　　　　（人）

図15-3　座間市における人口・世帯数・1世帯あたり平均人数の推移（国勢調査により
作成）

　ベッドタウンであると同時に企業城下町となった座間市の人口は，1960年代
半ば以降急激に増加した。1960年に1万5000程度であった人口は，1965年に
は3万へと倍増し，1975年には8万を超えるまでになった（**図15-3**）。2000年
以降，座間市の人口推移も安定した状態となったが，人口および世帯数ともに
ほぼ一貫して増加傾向を示している。他方，1世帯当たりの平均人数は減少傾
向にある。その数値は2015年時点で約2.3であり，座間市においても核家族
化が大きく進展している。

2　県立座間谷戸山公園の概要

　県立座間谷戸山公園の計画地は，谷戸，湿原池，座間丘陵の尾根などからな
る地形を構成しており，クヌギ・コナラ林，スギ，ヒノキといった樹林地や水
田，畑，ヨシ群落などの植生を有する里山であった。当該地域は都市化の著し
い神奈川県の県央地域にあったため，残された貴重な谷戸の自然環境保全に対
して地元住民からの強い要望を受けて，「地域の歴史・文化を背景とした貴重な
緑や多彩な動植物を保全しながら自然観察が楽しめ，さらに里山の環境を体験
できる公園」を目的として，1988年に風致公園として都市計画決定された。計

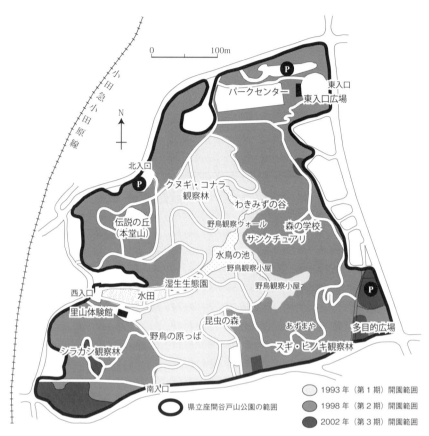

図 15-4　県立座間谷戸山公園の概観と開園過程（厚木土木事務所東部センター提供資料により作成）

画区域は里山の風情が残され，まとまりのある樹林地や湿原池から構成されていた。これらを保全し，自然と触れ合い観察のできる「自然生態観察公園（アーバンエコロジーパーク）」として全国に先駆けて整備された（開設面積30.6ha）。その後，1990 年に教養施設「野鳥観察小屋」や「野鳥観察ウォール」，休養施設「クヌギ・コナラ観察林」や「湿生生態園」，1991 年に「南入口広場」と「里山体験館」を設置した（図 15-4）。これらによって，1993 年に県立都市公園として座間谷戸山公園が開設した。以降の整備内容経緯をみると，まず 1994 年に南入口に「ログハウス」および「公衆便所（南入口）」を設置した。1996 年

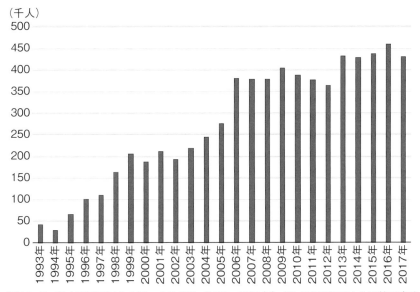

（千人）

図 15 - 5　県立座間谷戸山公園の入込客数（1993 - 2017 年）（県立座間谷戸山公園管理事務所提供資料により作成）

に「スギ・ヒノキ観察林」「伝説の丘」「西門（長屋門）」を，1998 年に「公衆便所（東入口）」をそれぞれ設置した。そして 2002 年には東入口付近に「東入口広場」と「パークセンター」を開設した。

　県立座間谷戸山公園の管理運営は，指定管理者制度によって神奈川県公園協会が取り仕切っている。主な業務内容として，公園管理（草刈りや巡回，清掃など），窓口業務，イベント運営，都市公園に関する事務作業などが挙げられる。2018 年時点で 16 名前後がスタッフとして従事しており，1 日当たり 7 - 8 名でうまくローテーションを組みながら管理運営を行っている。また，神奈川県公園協会を事務局とした運営会議を毎月開催しており，公園の活動方針を協議している。この会議には市民の自然保護団体や野鳥の会，自然観察指導員，大学生といった各方面のボランティアも参加しており，里山保全活動や自然体験に関するイベントの企画や実施について議論している。

　県立座間谷戸山公園への入込客数の推移をみると，風致公園として開設した1993 年度以降，ほぼ一貫して増加傾向を示している（**図 15 - 5**）。平日休日問わ

ず数多くの訪問があり，平日であれば高齢者を中心にウォーキング，休日であればピクニックに訪れるファミリー層も多い。月別の入込客数をみると，2017年度は最多が4万2399（6月），最小が2万9346（10月）と大きな差はみられず，年間を通して一定の訪問が認められる。

3 子どもを対象とした自然体験活動の展開

　県立座間谷戸山公園では季節ごとに様々な自然体験に関わるイベントが開催されている。その中で，子どもを対象とした主なイベントをまとめたものが**表15-1**である。公園協会の職員（以下，公園職員）が講師を務めるイベントとして，「石窯でピザ焼き体験」や「親子で米作り隊（かかし作り）」などがある。また，子どもを対象とした自然体験は市民団体によっても数多く企画されている。市民団体「さがみシェアリングネイチャーの会」(3)が企画した「ネイチャーゲーム」は代表的であり，毎回20-50名ほどが参加し，その半分前後が小学生の参加である（**写真15-1**）。他にも「親子で米作り隊」や「やとやま講座」も参加者の半数が小学生であり，これらは親子での参加が目立っている（**写真15-2**）。これらのイベントには星の谷社会福祉協議会や座間のホタルを守る会といった地元の市民団体が講師として参画している。特に「やとやま講座」は全イベントの中でも参加者が多く，地元の子どもたちに自然体験を提供する格好の機会となっている。子どもを対象としたイベントはほぼすべてが毎年の恒例行事となっており，リピーターも一定数存在するという。

　その他，県立座間谷戸山公園には多くの小学生が遠足で訪れている。遠足での訪問は5月に多く，2017年度は座間小学校（140名），相模が丘小学校（95名），旭小学校（87名），ひばりが丘小学校（70名），中原小学校（74名），立野台小学校（720名）の訪問があった。とりわけ県立座間谷戸山公園に隣接する立野台小学校の数値が目立つ。また，海老名市立今泉小学校（116名）や海老名中学校（17名）と近隣の自治体からの遠足もいくつかある。他，座間小学校は4月と11月，2月，中原小学校は4月と9月など，1年に複数回訪問する小学校も見受けられる。さらに，近年では中学校の職場体験の一環で県立座間谷戸山公園に赴く事例も確認できる。具体的には，毎年冬季に3-4校の生徒が公園協会を訪問し，公園管理（草刈りや巡回，清掃など）に当たっている。

表 15−1　子どもを対象とした主なイベントの概要（2015−2017 年度）（県立座間谷戸山公園管理事務所提供資料により作成）

事業名	開催月	イベント内容	参加人数 2015	参加人数 2016	参加人数 2017	講師	備考
もちこみイベント（石窯でピザ焼き体験）	4	園内発生材の薪を使ってピザを焼いて食べる	—	—	90	公園職員	親子参加型。参加者の約 50% が小学生
ネイチャーゲーム	5	自然を使った様々なゲーム	27	15	54	さがみシェアリングネイチャーの会	子どもが小学生以下の親子参加が多い
親子で米作り隊 1 回目（全 6 回）	6	田植え	60	57	58	星の谷地区社会福祉協議会	親子参加型。参加者の約 50% が小学生
やとやま講座「谷戸の自然とホタル」		ホタルの観察会	18	25	38	座間のホタルを守る会	親子参加型。参加者の約 50% が小学生
ネイチャーゲーム	7	自然を使った様々なゲーム	20	24	51	さがみシェアリングネイチャーの会	子どもが小学生以下の親子参加が多い
やとやま講座「なつやすみ　森のおはなし会」		幼児向けの絵本の読み聞かせや手遊び歌など	88	54	113	座間おはなし会	親子参加型。参加者の約 60% が小学生
親子で米作り隊 2 回目（全 6 回）		畔の草取り	50	39	35	星の谷地区社会福祉協議会	親子参加型。参加者の約 50% が小学生
もちこみイベント（夏の生活学校）	8	ネイチャーゲーム，工作など	74	60	95	座間子どもを守る会	参加者の約 70% は小学生〜中学生
やとやま講座「昆虫ウォッチング」		公園会議市民団体と協働して投稿円を学び・体験し，次世代へと継承するためのイベントを開催	32	35	9	座間市に緑を育てる市民の会	子どもが小学生以下の親子参加が多い
親子で米作り隊 3 回目（全 6 回）		かかし作り	41	27	38	公園職員	親子参加型。参加者の約 50% が小学生
ネイチャーゲーム	9	自然を使った様々なゲーム	16	24	19	さがみシェアリングネイチャーの会	子どもが小学生以下の親子参加が多い
やとやま講座「水のいきものみっけ」		湿生生態園の池に生息する水生生物を捕獲・観察	15	18	10	ほらほら，運営会議専門委員	親子参加型。参加者の約 50% が小学生
親子で米作り隊 4 回目（全 6 回）	10	稲刈り	56	32	43	星の谷地区社会福祉協議会	親子参加型。参加者の約 50% が小学生
親子で米作り隊 5 回目（全 6 回）		農機具を使用しての脱穀	52	54	—	星の谷地区社会福祉協議会	親子参加型。参加者の約 50% が小学生
親子で米作り隊 6 回目（全 6 回）	12	餅つき	74	72	63	星の谷地区社会福祉協議会	親子参加型。参加者の約 50% が小学生
もちこみイベント（思いっきり冬の自然を感じよう！）	1	ネイチャーゲームの実施	10	20	24	さがみシェアリングネイチャーの会	子どもが小学生以下の親子参加が多い

写真 15 - 1　ネイチャーゲームの様子（2012 年）（県立座間谷戸山公園管理事務所提供資料を転載）

写真 15 - 2　親子で米作り隊の様子（2014 年）（県立座間谷戸山公園管理事務所提供資料を転載）

写真 15 - 3　公園内に設置された解説板（2018 年）（県立座間
谷戸山公園管理事務所提供資料を転載）

4　子どもの遊び場としての都市公園

　子どもの遊び環境が大きく変容する中で，特に都市域で暮らす子どもにとっ
て都市公園は里山や生物多様性に接することのできる貴重な空間である。県立
座間谷戸山公園においては，子どもに対する自然体験は長く地元で生活してき
た市民団体によって，単なる自然体験にとどまらず地形条件や植生の特性を生
かした歴史文化を交える形で提供されていた。また遠足をはじめとする学校単
位での自然体験の機会創出も試みられており，とりわけ座間市の子どもにとっ
て身近な自然環境と体験し学習することのできる場として都市公園が活用され
ていた。こうした子どもに自然体験を提供する場所として，生物多様性や地域
の成り立ちを小学生でも理解できるよう平易な解説を意識した解説板が園内各
所に設置されている（**写真 15 - 3**）。

　子どもの頃の旅行体験がその後の旅行実施頻度に影響を与えるといわれるよ
うに，幼少期や児童期に体験した自然体験活動は，彼ら彼女らの心身に影響を
与えるだけでなく，将来的な自然観光地への訪問を喚起させる一要素となりう
る。例えば，家族でキャンプに出かけた経験をもつ子どもは成人後も自然体験
に参加することが多い（高橋 2012）。ゆえに若者の余暇活動には子どものころ

の自然体験が影響する。すなわち，彼ら彼女らは大学生や社会人になったとき，自然観光地において展開するガイドツアーやアウトドアスポーツといった体験型観光の参加人口となりうる。このような体験型観光のコンテンツが更新され続ければ，彼ら彼女らは自然観光地におけるリピーターとなる可能性がある。そして，彼ら彼女らが自身の子どもと自然観光地を訪問するようになれば，継続的な観光（ツーリズム）が展開可能となろう。このことは，さらなる人口減少時代に突入する今日において，地域創生の文脈から観光振興を考える上で非常に示唆に富むものである。そのためにも，自然体験を提供する際に，自然を活用した遊び方や楽しみ方を熟知しその経験が豊富な地元住民をうまく巻き込む必要がある。様々な年代や属性をもつ主体が関わることで，自然環境の中での「遊び方」を次世代にも継承することが可能となる。

(1) 国立青少年振興機構「青少年の体験活動等と自立に関する実態調査」報告書 http://www.niye.go.jp/kenkyu_houkoku/contents/detail/i/64/（最終閲覧日：2018 年 6 月 28 日）。

(2) 1971 年 11 月 1 日に座間は県内 17 番目の市として市制を施行した。

(3) 座間市の他にも厚木市や海老名市，綾瀬市，愛川町などをフィールドとして，毎年開催される「全国一斉自然とふれあうネイチャーゲームの日」を軸に研修をしたり，独自の企画で地域会を開催したりしている。最近では小学校や公民館，子ども会などからの指導依頼も増えているという。

■参考文献
座間市 1993.『座間市史 6　民俗編』座間市立図書館市史編さん係.
座間市 2016.『座間市史 5　通史編下巻』座間市教育委員会教育部生涯学習課.
椎野亜紀夫 2013. 市街地及び近郊地域における児童の理想とする自然環境のあり方に関する考察. ランドスケープ研究 76：615-620.
高橋 進 2012. 自然体験の場としてのキャンプ場利用者の意識と行動. 共栄大学研究論集 10：265-285.
寺内雅晃・加我宏之・下村泰彦・増田 登 2006. 昭和 30 年代における子どもの野外遊びを支えていた環境条件に関する研究. ランドスケープ研究 69：659-664.

終章

若者と地域観光
──総括──

　本書では，若者の観光・レジャーとそれを支える地域の受容基盤の特性について，若者の観光市場が発達している東京大都市圏を事例に，様々な視点やテーマから検討した。

　若者に焦点を当てた従来の観光研究では，若者の旅行離れの原因を追究したり，若者の生活行動や若者文化を理解したりするための，心理学・社会学系の分野によるアプローチが中心であり，若者の経験や態度，意思決定といった行動的側面に傾倒していた。ゆえに若者の観光・レジャーを誘発し，その目的地となる地域の特性が深く検討されてこなかった。こうした状況を鑑みて，本書では空間を軸に現象を分析する地理学のアプローチを取り入れ，若者と地域観光の関係を解き明かすための研究を追究していった。より具体的には，若者の観光・レジャーがどこでどのように展開されているのか，どういった場所や地域が若者の消費対象となり，それらはどのような受容基盤としての特性をもつのかを検討し，若者の観光・レジャーの地域的特色を浮きぼりにしていった。

　本章は全体の総括として，前章までに提示した研究の成果をまとめる。そして，本書の学術的貢献を考察し，また実社会での応用可能性について議論する。また最後に，研究の課題や展望を述べる。

1　研究成果のまとめ

　第Ⅰ部「若者の視点からみる地域観光の今」では，若者の特徴を現在の社会経済環境をふまえて解説し（第1章），その上で，東京大都市圏における若者の観光・レジャーの実態を主に量的な調査・分析から俯瞰的にみていった。今の

若者は心の豊かさを重視する価値観をもち，余暇生活を重視している。若者の余暇活動の特異性としてファッションやアニメなど若者文化の消費があり，それは若者特有の観光行動とも深く関係している。そして，インターネットの発達やメディアの多様化により，若者の余暇活動の選択肢は拡大するとともに，ソーシャルメディアを介した新しい観光・レジャーの楽しみ方がなされるようになった。若年人口の多い東京大都市圏は，若者の観光市場が大きく，若者文化の生産・消費も活発である。とりわけ，都心の盛り場のような場所にて若者文化は表れやすく，原宿や渋谷のような「若者の街」をはじめ，多くの若者で賑わう地域が各所に形成されている（第2章）。そのような東京大都市圏は，地方の若者にとって憧れの対象であり，毎年多くの若者が進学や就職を機に地方から当該圏域に移り住む（第3章）。東京大都市圏で主流となる日帰り観光・レジャーにおいては，若者の多くが東京都心の商業地や東京ディズニーリゾートのある浦安市を訪問する傾向にある。ただし，男女別や職業・学生種別といった若者の属性によって，訪問先選択や外出時間には差異が存在する（第4章）。そして，今の若者の多くは観光・レジャーにおいて，観光情報の収集や訪問先の魅力の発信などを目的にSNSを利用するが，その際に彼らは情報流通量の空間性を認識し，情報量の多い都市部とそうでない非都市部とで，情報探索・発信に異なる意味を与えている（第5章）。

　第Ⅱ部「若者特有の観光行動の様相」では，今の若者が好んで行う傾向にある観光・レジャー形態について，若者の活動やそれらが展開する場所の特性の観点から検討した。アニメの聖地巡礼，Ｊリーグサッカー観戦，クラフトビールイベントへの参加にみられるように，若者に特有の観光・レジャーの特徴として，地域の自然や文化をみるような一般的な観光と比較して，観光消費の対象となる資源やコンテンツの娯楽性が高く，また刺激が強い（第6，8，9章）。そして，これらは若者にとって，趣味やファッションの延長，あるいは若者同士での交流の機会でもある。その一方で，ソロキャンプの流行にみられるように，都会の喧騒から離れた静かな環境で，ひとりの時間を大切にするような余暇活動の需要もある（第7章）。そして，娯楽や休養だけでなく，学びを目的とした観光も，日々成長していく若者にとって有意義な活動である。インバウンド観光の進展する東京では，諸外国の児童生徒による訪日教育旅行が年々増加しており，都市に集積する歴史・文化的資源や先端テクノロジーを見学できる施設

が訪問先として選択されている（第10章）。日本の昔と今を象徴する歴史・伝統と先端テクノロジーは，外国の若者にとって日本文化への関心を喚起し，知識欲を充足させる重要なコンテンツである。

　第Ⅲ部「若者の観光を支える地域の受容基盤」では，主に若者向けの観光資源・施設の特性や，地域や事業者による若者の観光需要への対応について検討した。まず，若者が好むコンテンツを積極的に導入したことによって，経済活性化がもたらされた事例を確認した。韓流ブームを追い風に新たな若者の街へと変容した大久保コリアンタウンでは，韓流ファンの若者の需要に応じて，有店舗事業者による韓国文化の商品化を通した商品・サービスの供給や，地域的取り組みとしてのイベント開催やインフラ整備が行われていた（第11章）。長らく中高年層が顧客の中心だった港湾ナイトクルーズ事業の東京湾納涼船では，2000年代前半に若者向けコンテンツを充実させたことにより，若者の集客に成功し，乗船客数が大幅に増加していった（第14章）。そして，近年のインバウンド観光振興の影響がもたらした地域的な変化と，若者との関わりに関する事例が報告された。訪日外国人旅行者の多く訪れる渋谷では，日本人学生による観光ボランティアガイド活動が組織的に行われるようになり，外国人との交流を楽しみながら観光案内人としても従事するような，社会貢献性の高い余暇活動を実践する若者の姿がみられるようになった（第12章）。また，東京都心の盛り場では，音楽好きの若者に支持されつつ，時に彼らの問題行動が目立つことの多い夜間音楽施設が，インバウンド需要への対応を背景とした夜間経済振興との結びつきにより，地域の観光政策の対象に組み込まれるようになった（第13章）。一方，若者の消費からもたらされる経済的利益ではなく，広く社会的利益のために整備される空間やサービスもある。例えば，自然環境が保全され，都市住民の憩いの場となっている都市公園では，子どもの環境教育や若年家族世帯の家族間交流のために，自然体験を楽しめる場所やイベントが，公的組織によって提供されていた（第15章）。

2　研究の学術的貢献と応用可能性

　ここで本書の学術的貢献を考察する。まず，若者に特化した枠組みから地域観光を捉えたことで，これまでの観光地理学ではまだ扱われていないような，

新しい観光・レジャーに関するテーマを発掘し，研究成果として残すことができた。さらに，若者の地理学に不足していた，若者の余暇活動に関する研究の進展にも大きく貢献できたであろう。

　次に，本書によって，若者による観光・レジャーの空間としての東京大都市圏の特性が明らかとなった。観光を含む文化面からみた都市に関する研究は，これまで数多く報告されているが，本書のように若者を中心としてテーマ横断的に研究を行った例は他にない。本書により，一般的な観光ガイドブックやこれまでの都市論で語られることの少なかった，若者や若者文化からみたオルタナティブな東京および東京大都市圏の姿とその魅力を知ることができたのではないだろうか。

　東京大都市圏における若者の地域観光は，娯楽性が高く，刺激の強い若者向けコンテンツに関連する観光資源・施設あるいはイベントの集積を基盤とし，若者がそれらを趣味やファッションの延長にある活動の場として，あるいは若者同士での交流を楽しむための場として訪れるという形態的特性を有していた。そして，若者文化が集積し，流行の発信源となる東京大都市圏は，そこに居住する若者の興味や消費欲を喚起するだけでなく，地方や外国に住む若者をも魅了し，日帰り観光圏を超えたより広域的な市場からも多くの若者を誘客する。都市間競争が激化するグローバル社会において，若者文化の集積は都市のもつ強力な魅力要素であり，都市経営における資源としても重要である。

　本書はあくまで若者の観光・レジャーが活発な大都市圏を対象としたが，若者が強く好むような観光資源・施設のない地域であっても，娯楽性，刺激，教育効果といった要素を観光プロモーションや着地型ツアーおよび各種サービスなどに巧みに取り入れることで，若者の観光需要を喚起し，誘客につなげることが可能かもしれない。観光地の持続的な経営を図る上で，将来の顧客となりうる今の若者へのアプローチは有効な戦略となるため，彼らのもつ新しい価値観や行動様式への理解と対応が必要なのである。成熟社会を生きる今の若者は，鋭く豊かな感性をもち，また，個人の価値観に基づく選択的な消費行動をとる傾向にある。そのため，若者へ過度に迎合した態度をとる，単に安価なだけのサービスを提供するといった態度ではなく，あくまでホストとゲストの対等な関係の中で，ゲストとなる若者に寄り添うかたちで，彼らのニーズに対応していくことが望ましいだろう。

これまで主張してきたように，都市や観光地において，若者の潜在力や若者文化の価値を再評価し，都市・地域経営戦略に取り入れることは，将来の社会経済的な利益の獲得や都市・地域経済の持続や成長につながるため，より多くの都市・地域でもっと重視されてもよい課題である。そして，若者への理解と対応は，一見若者との関係が薄いと思われるインバウンド観光振興にもよい結果をもたらすと考えている。

　日本では観光立国を目指した様々な取り組みにより，2010年代中旬から後半にかけてインバウンドバブルともいうべき訪日外国人旅行者の急増がみられたが，その多くは若者である（第2章3節）。最近のインバウンド観光振興は，実質的に外国の若者を誘客する施策だったといっても過言ではない。外国の若者と日本の若者は異なるし，外国の若者が必ずしも日本の若者文化に理解があるわけではない。しかし，現代の若者文化がグローバルな性質をもつことをふまえると，日本国内の若者への理解と対応を，インバウンド観光振興に関する取り組みにも活かせる場面は多いのではないか。

3　研究の課題と展望

　今後の研究の課題としては，より網羅的かつグローバルに若者の観光動向を捉えていくことが，知見の深化のために有効であると考えている。例えば，地方における若者と地域観光の関係，訪日の若年外国人による観光実態，海外旅行をする日本の若者による観光行動の空間特性，日本と外国の若者の観光・レジャー特性や若者文化の比較などの研究が考えられる。そして，若者のもつ潜在性をより多角的かつグローバルな視点から評価するとともに，将来の若者観光振興や観光トレンドの予測などに役立つ具体的かつ実践的な知見を提示していくことが望まれる。

　また，本書では扱わなかったが，若者による観光・レジャーがもたらす負の影響についての理解や対応策に関する議論も必要だろう。持続可能な観光（sustainable tourism）の考え方が重視されるようになった現在，観光がもたらす地域への負の影響（混雑，騒音，景観破壊など）を最小化し，正の影響（経済効果や地域イメージ向上など）を最大化させることが求められている。若者に特有の課題としては，若者の社会規範を逸脱した問題行動，若者文化をめぐ

る地域内での世代間対立などが挙げられる。

　そして，観光者あるいは消費者としての若者だけでなく，観光地域づくりや観光事業の担い手としての若者についても，研究や議論が必要であろう。本書で扱った学生ボランティアガイドのように，自ら率先してツアーやイベントの企画といった事業に関わる意欲をもつ若者がいる。また，地域が主催する学生観光まちづくりコンテストへの積極的な参加もみられるようになった。そして，社会人になってからは観光産業の従事者として働き，社会に向けてより大きな価値を提供する役割をもつようになる。時代によって社会の価値基準や求められる人材像は異なり，それに合わせて若者を取り巻く学習・雇用環境も変化する。新しいカリキュラムのもとで観光教育を受けた若者が，観光産業におけるインバウンド対応，デジタル化，生産性向上など，昨今の重要な課題の解決に大きく貢献できる可能性もある。

　若者とは単に年齢の低い人々を意味するのではない。若者とは次世代を担う存在であり，新たな価値観や行動様式によって，将来の社会の規範や構造を変化させていく存在である。また，都市・地域や産業界の持続性を考える上で重要な存在である。本書は，大都市圏における若者による地域観光という一側面を扱ったにすぎないが，国の成長産業として期待される観光分野における，若者のもつ影響力や潜在性の高さの一端を示すことができたと考えている。本書を通じて，今の若者に対し，未熟者や少数派としての悲観的な若者像ではなく，都市・地域経営や産業発展の鍵となりうる可能性に満ちた若者像としての印象を，少しでも強めるきっかけとなったのであれば，幸いである。

あとがき

　本書は，主に地理学や観光学を専門とする若手研究者によって構成された，「若者観光研究グループ」による活動の成果です。2016年に結成され，2020年の時点で5年目となります。この期間に，研究論文の発表，シンポジウムの開催，社会人向け講座の開催，企業との意見交換会の実施など，様々な活動を行ってきました。そして，本書にはこれらの総括としての意味があります。

　研究グループを組織することになった発端は，編著者2名による飲食店での雑談です。正直な話，最初は「若い時しかできない研究をしてみたい」「若手だけで目立つようなプロジェクトを実施してみたい」という，単純な動機から始まりました。しかし，若い頃はこうした勢いに任せることも大事でしょう。萎縮せずに突き進んだ結果として，新しい学術的成果を達成し，書籍刊行というかたちで社会にも還元することができました。

　「若者」をテーマに選んだことには，しっかりとした理由があります。主な理由としては，若者が普遍的であると同時に時代を象徴するテーマでもあること，国や地域にとって若者はそれらの成長戦略に関わる重要な要素であることです。さらに，若者を研究するのは若手研究者の方が様々な面で有利であること，われわれが職場で接する大学生にとって身近な内容を含むために，研究教育教材としての活用可能性があったことも，テーマ選定の理由となります。

　研究プロジェクトでは，多くの優秀な若手研究者にご協力いただきました。博士課程を修了してからまだ数年の若手研究者が，一つのプロジェクトに10名以上も集まって活動するというのは，われわれの分野では珍しいことです。これが実現したのも，「若者」というテーマへの共感や，若者を切り口としながら各自の専門性を発揮できるような柔軟性があったからかもしれません。

　本書を通して，地域観光の成立における若者の役割について理解を深めるとともに，都市・地域発展における若者の価値を再評価するきっかけとなったのであれば幸いです。また，地域の特性や観光的魅力を深く追究することの面白さを感じていただけたのであれば，なお嬉しいです。

　本書の刊行や，それに至るまでの研究グループの活動では，様々な方々にお

世話になりました。ここからは，研究グループの活動を振り返りながら，関係者への感謝を示します。まず，日本観光研究学会からは，2016年度から2年間，学会の正式な研究分科会（「若者の観光行動と地域受容基盤に関する研究」，代表者：杉本興運）の発足の承認と活動経費の支援をしていただきました。これによって，グループでの研究活動を堂々と始動することができました。

　2017年には2度のシンポジウムを開催いたしました。地理空間学会では，2017年7月に「大都市における若者の観光・レジャーの行動と空間」と題するシンポジウムの開催を支援していただきました。その後，そこで発表した研究を骨子として，同年発刊の『地理空間』10巻2号や，翌年発行の『地理空間』10巻3号（特集号）に査読付き論文を計6本掲載していただきました。日本地理学会では，2018年3月の春季学術大会にて，「若者×観光×地理学―大都市の若者にみるオルタナティブな観光・レジャーの可能性―」と題するシンポジウムを開催させていただき，様々な研究者からご意見を頂戴しました。

　2018年度には，編著者の杉本が以前所属していた首都大学東京（現・東京都立大学）から，ミニ研究環「若者の観光需要と潜在性の評価：将来の観光産業の維持発展に資する研究拠点の形成」（代表：杉本興運）に採択していただき，研究助成をしていただきました。また，社会人向けのオープンユニバーシティ講座「若者を通してみる最先端の都市型観光・レジャーとその可能性」を，2018年9月に主催させていただき，自治体や観光業界で活躍されている方々に研究成果を知っていただく機会を得ました。そして同時期，古今書院から，2018年9月に月刊『地理』にて「特集：都市×若者×観光」を発表させていただき，一般の読者向けに計6件の研究成果を発信する機会をいただきました。

　2019年度は，研究グループでの目立った活動はせず，個々のメンバーが若者に関連する観光研究の成果を発表していきました。そして2020年度には，総括として本書の執筆を決意し，編集作業を進めていきました。本書の刊行にあたっては，ナカニシヤ出版から多大なご支援をいただきました。また，デザイン事務所カゲムシャから，ユニークな表紙をデザインしていただきました。

　各位のご支援，ご協力に心よりお礼を申し上げる次第であります。

杉本興運／磯野　巧

初 出 一 覧

＊初出の論文や報告書を以下に示した章については，これらの初出に加筆・修正を行った
　上で掲載している。

序章　「若者と地域観光」をよみ解くためのアプローチ──本書の課題と構成──
　部分的に第4章の出典元の論文を参照

第1章　今の若者とは？──余暇生活，文化消費，情報行動の視点から──
　書き下ろし

第2章　若者文化と都市空間──地域イメージと街の文化受容からみる「若者の街」──
　書き下ろし

第3章　若者を集める大都市・東京の魅力──地方出身者の視点から──
　書き下ろし

第4章　若者による観光・レジャーの行動空間──人流ビッグデータからみる若者──
　杉本興運 2018．大都市圏の若者にみる観光・レジャーの行動特性．月刊『地理』63(9)：
　　10-17．
　杉本興運 2017．東京大都市圏における若者の日帰り観光・レジャーの時間的・空間的特
　　性──大規模人流データによる分析．地理空間 10(2)：51-66．

第5章　「SNS映え」を超克する若者たち──若者の観光・レジャーとSNS──
　福井一喜 2019．東京大都市圏に居住する若者の観光・レジャーにおけるSNS利用──
　　「SNS映え」を超克する若者たち．E-JournalGEO 14(1)：1-13．
　福井一喜 2018．東京大都市圏の若者の観光・レジャーとSNS利用．月刊『地理』63(9)：
　　18-25．

第6章　アニメコンテンツと若者の余暇活動──アニメ聖地巡礼の今とこれから──
　小池拓矢・上原　明・杉本興運 2018．都市のイメージとアニメに関連した観光．月刊
　　『地理』63(9)：26-31．
　小池拓矢・杉本興運・太田　慧・池田真利子・飯塚　遼・磯野　巧 2018．東京大都市圏
　　における若者のアニメに関連した観光・レジャーの特性．地理空間 10(3)：125-139．

第7章　個人化する若者キャンプ──ソロキャンプの価値観とキャンプ場の対応──
　渡邊瑛季 2020．キャンプにおけるソロ化の進展とキャンプ場集中地域の対応．月刊『地
　　理』65(5)：12-19．

第8章　若者サッカーファンとスポーツツーリズム──盛り上がるJリーグ観戦──
　書き下ろし

第9章 若者の都市型フードツーリズム——クラフトビールイベントを事例に——

飯塚　遼・太田　慧・池田真利子・小池拓矢・磯野　巧・杉本興運 2018. 東京大都市圏におけるクラフトビールイベントの展開と若者観光. 地理空間 10(3):149-164.

第10章 海外学生の教育とインバウンド観光——訪日教育旅行の展開と東京の役割——

磯野　巧・杉本興運・飯塚　遼・池田真利子・小池拓矢・太田　慧 2018. 東京都における訪日教育旅行の地域的特性——受入態勢と外国人児童生徒の観光行動の分析を通して. 地理空間 10(3):180-194.

第11章 若者であふれるエスニックタウン——韓流ブームと大久保コリアタウンの形成——

金　延景 2018. 若者の新たな観光・レジャー空間としてのエスニックタウン——東京都新宿区大久保地域の事例. 月刊『地理』63(9):32-39.

第12章 若者の観光ボランティアガイド活動の様相——渋谷におけるインバウンド需要への対応——

磯野　巧 2018. 若者によるインバウンド需要への対応——渋谷駅周辺域で活動する街頭ボランティアガイドの事例. 月刊『地理』63(9): 48-55.

第13章 若者のナイトライフと音楽観光——クラブ・ライブハウスに着目して——

池田真利子・卯田卓矢・磯野　巧・杉本興運・太田　慧・小池拓矢・飯塚　遼 2018. 東京におけるナイトライフ観光の特性——夜間音楽観光資源としてのクラブ・ライブハウスに着目して. 地理空間 10(3): 149-164.

第14章 若者を惹きつけるナイトクルーズ——東京湾納涼船の集客戦略——

太田　慧・杉本興運・上原　明・池田真利子・飯塚　遼・磯野　巧・小池拓矢 2018. 東京都におけるナイトクルーズの集客戦略と存立形態——東京湾納涼船における若者の利用特性. 地理空間 10(3):165-179.

第15章 自然体験の場を提供する市民活動——子どもの遊び場としての都市公園——

書き下ろし

終章 若者と地域観光——総括——

書き下ろし

索　引

著者紹介

●編著者

杉本興運(SUGIMOTO Koun)
東洋大学 国際観光学部 准教授
東京都出身。首都大学東京(現・東京都立大学)大学院都市環境科学研究科修了。博士(観光科学)。
日本学術振興会特別研究員(DC, PD), 首都大学東京都市環境学部の助教を経て現職。専門は観
光地理学, 観光動態分析, 空間情報科学。
【担当】序章, 1章, 2章〔共著〕, 3章, 4章, 6章〔共著〕, 8章〔共著〕, 終章〔共著〕

磯野 巧(ISONO Takumi)
三重大学 教育学部 講師
神奈川県生まれ, 神奈川県育ち。筑波大学大学院生命環境科学研究科修了。博士(理学)。日本学
術振興会特別研究員(DC), 徳島大学地域創生センター助教を経て現職。四日市大学総合政策学
部非常勤講師(2017年9月〜現在に至る)。専門は観光地理学, 地誌学, 地理教育。
【担当】10章, 12章, 15章, 終章〔共著〕

●著者(50音順)

飯塚 遼(IIZUKA Ryo)
帝京大学 経済学部 講師
東京都生まれ, 東京都育ち。首都大学東京(現・東京都立大学)大学院都市環境科学研究科修了。
博士(観光科学)。日本学術振興会特別研究員(DC), 秀明大学観光ビジネス学部助教, 講師を経て
現職。専門は農村地理学, 観光地理学, 北西ヨーロッパ地誌学。
【担当】9章

池田真利子(IKEDA Mariko)
筑波大学 芸術系 助教
東京都生まれ, 神奈川県育ち。筑波大学大学院生命環境科学研究科修了。博士(理学)。日本学術
振興会特別研究員(DC, PD)を経て現職。専門は都市地理学, 文化地理学, 観光地理学。
【担当】13章

上原 明(UEHARA Akira)
名桜大学 国際学群 准教授
沖縄県生まれ, 沖縄県育ち。首都大学東京(現・東京都立大学)大学院都市環境科学研究科修了。
博士(観光科学)。首都大学東京都市環境学部の特任助教を経て現職。専門は観光者心理, 環境印
象評価。
【担当】2章〔共著〕

太田 慧(OTA Kei)
高崎経済大学 地域政策学部 准教授
東京都出身。首都大学東京(現・東京都立大学)大学院都市環境研究科修了。博士(観光科学)。日
本学術振興会特別研究員(DC), 首都大学東京都市環境学部特任助教, 高崎経済大学講師を経て現

職。専門は観光地理学，土地利用研究，沿岸地域研究，GIS。
【担当】2章〔共著〕，14章

金　延景(KIM Yeonkyung)
立正大学 地球環境科学部 助教
韓国ソウル生まれ，ソウル育ち。筑波大学大学院生命環境科学研究科博士後期課程修了。博士
(理学)。専門は都市地理学，社会地理学，移民・エスニシティ研究。
【担当】11章

小池拓矢(KOIKE Takuya)
ガイディングアローズ 代表
神奈川県生まれ，神奈川県育ち。首都大学東京(現・東京都立大学)大学院都市環境科学研究科博
士前期課程修了。修士(観光科学)。青森県の下北ジオパークの専門員を経て現職。専門は観光地
理学。
【担当】6章〔共著〕

鈴木祥平(SUZUKI Shohei)
東京工科大学 メディア学部 助教
静岡県生まれ，静岡県育ち。首都大学東京(現・東京都立大学)大学院都市環境科学研究科博士後
期課程修了。博士(観光科学)。専修大学経営学部の助教を経て現職。専門は観光情報学。
【担当】8章〔共著〕

福井一喜(FUKUI Kazuki)
流通経済大学 社会学部 助教
埼玉県生まれ，埼玉県育ち。筑波大学大学院生命環境科学研究科修了。博士(理学)。専門は観光
地理学，経済地理学。
【担当】5章

渡邊瑛季(WATANABE Eiki)
宇都宮共和大学 シティライフ学部 専任講師
山梨県生まれ，山梨県育ち。筑波大学大学院生命環境科学研究科単位取得満期退学。修士(理学)。
うつのみや市政研究センター専門研究嘱託員を経て現職。専門は観光地理学，地誌学。
【担当】7章

若者と地域観光

──大都市のオルタナティブな観光的魅力を探る──

2021年4月26日　初版第1刷発行

編　著　者	杉　本　興　運
	磯　野　　　巧
発　行　者	中　西　　　良

発行所　株式会社　ナカニシヤ出版

〒606-8161　京都市左京区一乗寺木ノ本町15
TEL　(075) 723-0111
FAX　(075) 723-0095
http://www.nakanishiya.co.jp/

©SUGIMOTO Koun 2021 (代表)　　印刷・製本／亜細亜印刷
＊乱丁本・落丁本はお取り替え致します。
ISBN978-4-7795-1577-4　Printed in japan

旅行のモダニズム
—大正昭和前期の社会文化変動—

赤井正二

大正時代に起こった最初の登山ブーム、旅行会・旅行雑誌の役割、外国人向け日本ガイドの出版等々、旅行の近代化・大衆化を巡る諸相を分析。旅行を「大衆文化」へと発展させた原動力を活写する。

三三〇〇円＋税

深掘り観光のススメ
—読書と旅のはざまで—

井口 貢

コロナ後の日本観光の〝復活〟は、コロナ以前への〝復旧〟であってはならない。正しい読書との相乗効果によって、知的に積極的な旅が生まれる。柳田國男の旅行論に学びつつ、人文学的旅の可能性を拓く観光学入門。

二二〇〇円＋税

観光メディア論

遠藤英樹・寺岡伸悟・堀野正人 編著

モバイルメディアの発展や文化の変容に伴い、揺れ動くメディアと観光の不思議な関係を、最新の知見と理論からやさしく読み解き、その未来を探る。読者を議論に誘う、好評のシリーズ・メディアの未来、第4弾！

二五〇〇円＋税

京都を学ぶ【洛東編】
—文化資源を発掘する—

京都学研究会 編

牛若・弁慶伝承、天狗譚と白河院、足利義政と銀閣（東山山荘）、醍醐寺の桜会、宮川町の遊郭、琵琶湖疏水と庭園、清水焼と登り窯など。京都人の愛する鴨川が流れる洛東地域の歴史と文化の厚みを知る。シリーズ第5弾。

二二〇〇円＋税

表示は二〇二一年四月現在の価格です。